ホームページの制作から
運用・集客のポイントまで

最新版

小さな会社のWeb担当者になったら読む本

山田竜也

日本実業出版社

はじめに

もしあなたの会社が、たくさんの人手を割いて、たっぷりと費用をかけてホームページの制作・運用ができるのであれば、この先のページを読む必要はありません。ご遠慮なく本書を閉じて、Webの専門書が置かれている書棚へ向かわれることをおすすめします。

私は、コンサルタントとして、従業員が１人から50人程度までのいわゆる「小さな会社」に数多くアドバイスしてきました。そのほとんどの会社では、１人か、多くても２人の担当者が、専門業者と付き合いながらWebサイトを運用していました。また「Web担当者」と呼ばれる人の多くは、Webの専門家ではなく、ちょっとパソコンに詳しい程度で任されていたり、経理や総務など他部署と兼務しているのが現実でした。

そうした業務環境の中では、充分な知識を蓄えることなどできません。結果的にWeb上には、とりあえず見た目だけはキレイにつくったものの、訪問者はほとんどなく、次第に更新も滞って放置されてしまったサイトがあふれているのです。

一方、私がアドバイスをしてきた会社には、たった１人の担当者で、数億円単位の売上を達成しているWebサイトもあります。たとえ会社の規模が小さくても、担当者が１人であっても、結果を出すことはできます。小さな会社には、小さな会社の戦略があるのです。

本書では、「見た目がキレイなだけのWebサイト」ではなく、あくまで「売上につながるWebサイト」を制作・運営するために担当者が知らなくてはいけない知識を、１冊の中にギュッと詰め込みました。

外注業者をうまく使って効果の出るホームページをつくる知識や、Webサイト作成後の集客から運用のノウハウ、TwitterやInstagramなどのソーシャルメディアの活用方法など、豊富な具体例と企業事例を交えながら解説しています。また、小さな会社にとっては、Web戦略にどの程度費用を割くのかは切実な問題です。そこで、今までの他書ではほとんど触れられてこなかった、各サービスの料金相場や業者の分類、評価などにまで踏み込んで具体的に解説しました。

基本的な解説をまとめた「教科書」から１歩踏み込んだ、本当に役に立つ１冊になったと自負しております。

本書の初版を上梓したのが2012年12月。10年が経過するなかで、古くなってしまった情報や新しく登場したサービスなど、変化の激しいWeb業界の最新の情報をお伝えできるよう、新版を発行することになりました。

１章では、小さな会社が結果を出すためのWebサイトデザインや、コンテンツのつくり方をまとめました。

２章では、Webサイト制作を業者に依頼する場合や、自社で制作する場合の注意事項や料金相場などを解説しています。

３章では、ホームページの集客では必須ともいえるSEOのしくみと対策を扱い、４章では、TwitterやInstagramなどのソーシャルメディアとブログの活用法を、効果的に活用している企業事例とともに紹介します。

５章では、安定した集客力を発揮するWeb広告とメールマーケティングの手法に触れました。

６章は、無料のアクセスツールGoogle Analyticsを使って、アクセス解析の基本的な考え方を身につけることを念頭に置いて書きました。最新のGoogle Analytics4にも対応しています。

７章では、ECサイトを運営する方に向けて、ショッピングカートや決済のしくみで間違った選択を行なわないための必須知識を確認します。

８章では、セキュリティに十分な予算を割けない小さな会社が押さえておくべき最低限のポイントを、コンパクトにまとめました。

９章では、年々重要性が高まりつつある採用サイトについて、小さな会社はどんなコンテンツをつくればいいのかに触れています。

本書が悩める担当者の羅針盤となり、あなたの会社の売上の一助となることを願っています。

2023年１月　山田竜也

最新版　小さな会社のWeb担当者になったら読む本

CONTENTS

6章 Webサイトの問題を発見して チャンスを見出す アクセス解析の基礎

7章 ECサイトと ネット決済のしくみとポイント

8章 ネットセキュリティの基本

カバーデザイン／萩原弦一郎（256）
本文デザイン・DTP／古屋真樹・室田敏江・大山陽子（志岐デザイン事務所）

小さな会社の“費用対効果の高い”Webサイト戦略

小さな会社でWebサイトを制作するにあたっては、費用を節約しても問題が少ないポイントもあれば、しっかりお金をかけないと後でひどい目にあうものもあります。成功している会社は、これらをしっかり見極めて戦略的にサイトを運用しています。ケーススタディを交えながら、賢いWebサイトの作成・運用のポイントを解説します。

1 サイトの目的と訪問者に求める「アクション」を明確にしよう

**Webサイトの「ゴール」を設定して
そこに向かう最短経路を進もう**

◆「失敗するWebサイト」は目的が漠然としている

Webサイトを制作する際に最も大切なことは、あなたの会社にとって最も適切なWebサイトの役割をつかみ、何のために制作するのかをハッキリさせることです。

「商品を売る」「採用活動に活かす」「取引先への営業ツールとして」など、目的は会社によってさまざまです。しかし筆者の経験上、新たにWebサイトを制作したりリニューアルするための打合せを行なうと、本来の目的からそれていくことが非常に多いのです。

もっとも典型的なのは、トップページの色合いや写真などデザインの話に終始して、本来の目的が曖昧になっていくケースです。**オリジナリティを追求しすぎて、訪問者が利用しにくいサイトになってしまうのです。**

◆中小企業のWebサイトで最も重要なコンテンツは「会社概要」

アクセス解析を行なうとよくわかるのですが（→6章）、中小企業のWebサイトでは、会社概要ページの閲覧を目的とした訪問者が多くなります。

取引先があなたの会社を訪問する際には、会社の地図や、基本情報を参考にします。あなたと名刺を交換した人があなたの会社を調べるとき、真っ先に閲覧するのは会社概要関係のコンテンツでしょう。

このときに、社長や従業員のメッセージ、支店情報、わかりやすい会社の地図などの情報が一つひとつ丁寧につくってあると、親切な印象を与えます。反対に、トップページのデザインに凝るあまり必要な会社情報が掲載されていなかったり、問合せフォームがどこにあるかわからなかったり、電話番号が目立たず問合せができなかったりすると、非常に不親切な印象を与えてしまうのです。

◆ Webサイトの主な5つの目的

Webサイトをつくる目的としては、次の5つが一般的です。

1. 問合せ、資料請求の窓口

不動産やブライダル、予備校などの単価が高い商品や、システム開発、機械製品といったBtoB（企業間取引）サービスを主力に提供している会社に最も多いパターンです。すぐにお金を払ってもらえる商品ではないため、「商談」のためのステップとして問合せや資料請求を第一の目的とするサイトです。

2. 商品、サービス販売

いわゆる「ネット通販サイト」のことで、化粧品や、洋服からアクセサリーなどのファッション用品、食品、家具など、あらゆる商品が取り扱われています。もちろん、Webサイトの目的は、商品の購入です。

3. リスト（メールアドレス）の取得

無料会員登録や、PDF資料のダウンロード、メールマガジン登録などを主なゴールとするサイトです。転職サイトなどの人材登録サービスや、すぐに売上に結びつかないサービス、オウンドメディア（自社ブログメディア）が該当します。

メールマガジン登録については、業種を問わず、割引情報や、最新のイベント情報等の配信が主な手法です。情報資料については、最もわかりやすいのが、家具や建材などのメーカーで最新カタログをPDFで配布する方法。また、コンサルタントや営業支援などの企業で、簡単な集客ノウハウのPDF資料を配布するなどといったように、専門分野のノウハウや知識を一部開示するケースが多くみられます。

4. 会社の信頼性アップ（ブランディング）

ホームページからの問合せや、商品販売を行なうわけではないが、今どき、きちんとしたWebサイトをもっていない会社だと問題があるのでつくるというケースです。

5. 採用

新卒や、中途採用で優秀な人材を集めるためにサイトを活用するパターンです。

◆ Webサイトは「ゴール」を1つに絞る

Webサイトの設計段階で最も重要なのは、前ページの５つに代表されるサイトの目的（＝ゴール）を、１つに絞ることです。

「商品を販売し、採用にも強く、訪問者の役に立つ情報も配信する」。そんなコンセプトでは絶対に成功しません。

１つのサイトに複数のゴールを設定すると、1つとして目的を達成できない中途半端なサイトになります。

たとえば物販サイトであれば、あくまで商品の購入がゴールです。はじめての訪問者にどのような商品を買ってもらうかというところに徹底的にこだわってWebサイトの設計をしていく必要があります。社長による講演会の広告や、新規事業を紹介する別のサイトへ誘導するといった他の目的を、同時に考えるべきではありません。

◆ ゴールの数とサイトの数を一致させる

もし複数の目的を達成したい場合は、原則として目的の数だけWebサイトの数を増やす必要があると考えてください。

たとえば採用のためのWebサイトであれば、採用のためだけに利用する新たなサイトをつくりましょう。会社の公式サイトの中に採用コーナーをつくってしまうと、コンテンツの軽重がうまくつけられずに、必ずといっていいほど中途半端なつくりになります。

◆ 目的に合わせてKGI、KPIを明確にする

Webサイトの目的がみえたら、今後は具体的にKGI（重要目標達成指標）と、KPI（重要業績評価指標）を設定します。KGIはたとえば、売上5,000万円、利益率40％といった事業上のゴールとなる数値で、KPIは、そのKGIを達成するために影響力の高いと思われる仮説ベースの中間的な指標になります。たとえば、（売上、利益率を上げるために）Webサイトのアクセス数を２倍にする、購入率を1.3倍にする、商品数を100追加するなどといった指標です。ここまで決めた上で、サイト制作やリニューアルを行なうと、劇的にプロジェクトの成功率が高まります。

2 Webサイト制作の「適正費用」と「費用対効果」の考え方①

自社サイトのゴールに応じて、初期費用ではなく「運営費用」を確保しよう

◆ 初期費用よりも運営費用が重要

Web上でない一般の店舗では、開店準備に建築費や内装費がかさみ、開店後の集客戦略や商品の入替えなどをする余力がなくなって間もなくお店をたたむ、というケースが後を絶ちません。

この点は、Webサイトでもまったく同じことがいえます。後の章で詳しく説明しますが、コンテンツの更新、集客のためのSEO、リスティング広告、SNS上のマーケティングなど、運用にかける費用や時間や担当者をいかに確保できるかが勝負になります。デザインセンスが高く見映えのよいサイトにしようと初期費用に「全力投球」すると、ほとんどの場合手詰まりになるでしょう。

たとえばサイトの制作に300万円かけたため、月々の更新やマーケティングの予算が１万円しか確保できないと、運営が立ち行かなくなります。

見映えはほどほどに40万円でサイトを制作し、月に10万円の運営費用を２年分以上確保するほうが、合計額は同じでもはるかにバランスがよく、次の戦略を打ちやすくなります。

成功しているサイトの多くは、「サイト運営後」のことを頭に入れて、予算や企画を考えているのです。

◆ 目的別Webサイト運営項目重要度リスト

Webサイト開設後にどんな作業が発生するのかを、先ほど紹介した５つの目的別にまとめました（→次ページ表）。それぞれの作業がどの程度重要になるのかを３段階で示しましたので、まずは、運営が大変なものとそうでないものの傾向を理解しましょう。

Webサイト開設後の作業と重要度一覧表 ★の数が多いほど重要度は高くなります

	サイトの制作	商品・サービス追加変更	会社リリース反映	SEO	Web広告	ソーシャルメディア	メールマガジン	その他広告媒体
問合せ目的サイト	★★★	★★	★★	★★★	★★★	★★★	★★★	★
ECサイト	★★★	★★★	★★	★★★	★★★	★★★	★★★	★
リスト取得用サイト	★★★	★★	★	★★	★★	★	★★★	★
会社の信頼性アップ用サイト	★★★	★	★★★	★	★	★	★	★
採用サイト	★★★	★	★★★	★	★★	★★	★★	★★★

1. 問合せ目的サイト

集客のためのWeb広告やSEOなどのマーケティング費用がかかります。また季節・期間ごとのキャンペーンを行なったり、サービス内容に変更を加えるごとにサイトを更新する手間がかかってきます。商品の取扱い数が少なくても、定期的にお客様の声を追加、更新するなど、きめ細やかな運営が必要です。

商品が高額であればあるほど信頼性が求められますから、サイト制作の時点でもそれなりに力を入れる必要があります。マーケティングの費用も含めて、予算をバランスよく振り分ける必要があります。

2. ECサイト（商品、サービス販売）

最も運営に手間がかかるのが、Web上で商品を直接購入する、いわゆる「ECサイト（Electronic Commerce site）」です。Webサイトから直接商品を購入できるようにするための作業に手間と費用がかかるほか、集客のためのSEOやWeb広告、商品の解説や写真掲載、メールマガジン、季節ごとのキャンペーンなど山のようにやることがあります（→7章）。

小さな会社では、これらの業務をすべて外注するのは現実的ではないので、いかに効率よく最大の成果が出せるかがカギになります。

安価なレンタルショッピングカートを利用して、初期費用は安めに済ませ、「運営費用」を厚めに考えておく必要があります。商品を充実させたり、商品写真の撮影、集客のために、予算を確保しましょう。

3. リスト取得用サイト

メールアドレスを収集するためには、魅力的な「配布コンテンツ」をいかにつくるかが重要です。

ただし、どんなコンテンツが一番「受ける」かは、実際にやってみてはじめてわかることが多いものです。無料ダウンロードの資料や、リストに送付するメールなど、日々さまざまな手直しが必要になります。

Webサイト自体の更新は、他のパターンに比べればそこまで頻繁に行なう必要はありません。もちろん、Webサイトに訪問者を集めないと元も子もないので、SEOやWeb広告などの集客施策は必要になります。

4. 会社の信頼性アップ用サイト（ブランディング）

「とりあえずホームページがあればよい」ということを目的とした、最もコストがかからないパターンです。新商品を取り扱い始めた場合やメディアに掲載された際にプレスリリースを更新するなどの作業以外は、比較的更新が少なくても問題がなく、制作費用を厚めに考えることができます。

ただし、サイトの更新は、ある程度社内で行なえるようなシステムを導入することをおすすめします。というのも、社内で簡単に更新できる方が圧倒的に費用も安く、急に掲載したい情報などに即時対応できるため、メリットが大きいからです。

5. 採用サイト

採用目的のWebサイトは、当然ながら、年に1回程度のリニューアルが必要です。基本的に、更新や集客施策の手間は少なくなりますが、新卒の「学生ウケ」を狙ってTwitterやInstagramなどソーシャルメディアを利用する場合は、頻繁に情報を更新したり、応募者とのメッセージのやり取りなどが必要になるため、担当者の時間がとられます。採用年度ごとの製作費が費用の中心になりますが、就職サイトへの広告など、学生を集めるために別途かかる費用があるので注意が必要です。

小さな会社の場合は、採用ページをつくっても、応募者が自らWebサイトに来てくれることは稀です。カギになるのは、各種「就職サイト」「転職サイト」などの有料広告媒体との連携です。多くの応募者は、これらのサイトであなたの会社を見つけてから、より詳しい情報を得るためにあなたの会社のサイトを見にくることがほとんどですので、就職・転職サイトに掲載している以上の充実したコンテンツを用意するようにしてください。

また訪問者は、あなたの会社が新しくどんな取組みをしているのかにも興味をもっていますので、会社の最新のリリース情報も採用関連のページに表示されるようにしておくとよいでしょう。これらについては、TwitterやInstagramでも代替可能です（→4章）。

3 Webサイト制作の「適正費用」と「費用対効果」の考え方②

デザインのオリジナリティにこだわらず、「集客力」と「管理コスト」を判断軸にしよう

◆「演出力」と「集客力」のどちらに力を入れるべきかを判断する

Webサイトに多額の費用をかけられない小さな会社では、限られた労力と費用で運営し、結果を出していかなければなりません。

たとえばECサイトの運営であれば、商品開発、仕入れ、商品ページの作成、更新、集客のためのSEO、Web広告、メールマガジンなど山のように作業が発生します。これらすべての運営を完璧にこなすことは、現実的に考えて不可能だといえます。

成功しているサイトの特徴は、「商品のユニークさ、見せ方」（=商品開発力、演出力）、「SEOやリスティング広告など集客の技術」（=集客力）が秀でていることです。

あなたの取り扱っている商品やサービスが、目立った特徴がなく競合も多いような場合は、SEOやリスティング広告など集客を中心としたマーケティングに予算と時間をかけ、競争に勝つ必要があります。

逆にあなたが競争の少ない独創的な商品を取り扱っている場合、もしくはそういった商品開発を得意としている場合は、最低限のSEO対策（→3章）を施しておけば、商品名は上位に表示されます。魅力的な商品開発により一層の力を入れ、リピーターの定着やクチコミの拡散に注力することで、効率的に売上アップにつなげることができるでしょう。

◆更新のコストを抑えた初期設定で「ゾンビサイト」を回避する

ここまでみてきたように、特に大きな差が出るのが更新費用です。

Webサイトを制作するときには必ず、どのくらいの金額で、誰がどのように更新作業を行なうかを明確にしておきましょう。

たとえば、安くホームページをつくったものの、業者にいちいち連絡を入れないと細かい修正すらできなかったり、ページを追加するたびに数万円単位の費用をとられたりすることはよくあるケースです。そうなると更新を躊躇するようになり、いつの間にか何年も更新されない「ゾンビサイト」となってしまうのです。

また、検索エンジンからWebサイトへのアクセスを増やすためには、さまざまな検索キーワードによって検索エンジンで上位表示される必要があります（→３章）。近年、検索エンジンは、Webサイトの定期的な更新を検索順位決定の要素として考慮に入れていますので、簡単に更新できるシステムでの運用を追求する必要があるのです。

そこでおすすめなのが、ブログのようにWebサイトの内容を簡単に更新できるCMSスタイルのシステムを利用することです。２章で、「WordPress」や「Jimdo」「STUDIO」といったCMSスタイルの利用法を解説していますので、参考にしてください（→76ページ）。

また、Webサイトの更新がどうしても面倒な場合は、思い切ってTwitterを中心に情報提供を行なって、それをメインサイトに表示させてしまうという方法もあります。メインサイトを更新していなくても、積極的に活動しているようにみえる利点があります（→４章）。

◆ 小さな会社のWebサイトはシンプル・イズ・ベスト

お金をかければかけるほどよいWebサイトができるというのは、あくまで制作業者サイドの発想でしかありません。

莫大なデザイン料や技術料をかけていそうな、トップページの動画が自動的に再生されるサイトや、デザインが独創的でおしゃれなサイトなどを見たことがあるでしょう。こういったサイトは、利用者側の「使いやすさ」という観点からすれば質の悪いものであることが少なくありません。徹底的にシンプルなサイトの方が、商品の購入や問合せがしやすく、利用者にとって使いやすいのです。

もちろん、インパクトが強くハイセンスで使いやすいサイトであればベストですが、使いやすさと個性を両立させることはむずかしく、これから新たにWebサイトに挑戦する個人や中小企業の発想としては危険であるといえます。

◆初期段階で「オリジナリティ」を求めない

Webサイトや ECサイト用のショッピングカートシステムの制作会社では、使いやすいテンプレートを安価で手に入れることができます。「安かろう悪かろう」と思ったら大間違いで、検索エンジン対策や、サイト訪問者にとっての使いやすさが考えぬかれたシステムであることが少なくありません。

オリジナリティを求めていろいろと注文をつけるうちに料金も跳ね上がり、更新しにくく売れないサイトができるというのがWeb業者との最悪の関係です。

「集客」と「管理コスト」を判断軸に、次章以降のサイト設計にとりかかりましょう。

4 絶対避けられない費用と実は節約できる費用

努力次第で節約できる費用を知り、費用プランを立てよう

◆必須の「サイト構築費用」「サーバ費用」「ドメイン費用」

費用がかかるものと、そうでないものをズバリまとめてみます。

絶対にお金がかかるもの

- サーバ費用
- ドメイン費用
- ショッピングカートのシステム費用（ECサイトの場合）
- Web広告費用

努力次第でなんとかなるもの

- Webサイトの制作費用
- SEO費用
- Webサイトの更新費用
- 写真、画像費用
- ソーシャルメディア（Twitter、Instagram）の運用費用
- メールマーケティング（メルマガ発信）費用

次ページの図は、サイト構築でかかる費用について、一般的にどのような順番で考えるべきかをフローチャートにしたものです。

実はほとんどのことが自前でできることがわかります。

ドメインは年間1,000円前後ですし、共用サーバであれば、月500円前後で充分な性能のサーバをレンタルできます。

ECサイトで使用するショッピングカートシステムも、高水準のシステムを、月1,000円～20,000円ほどの予算で利用できます。

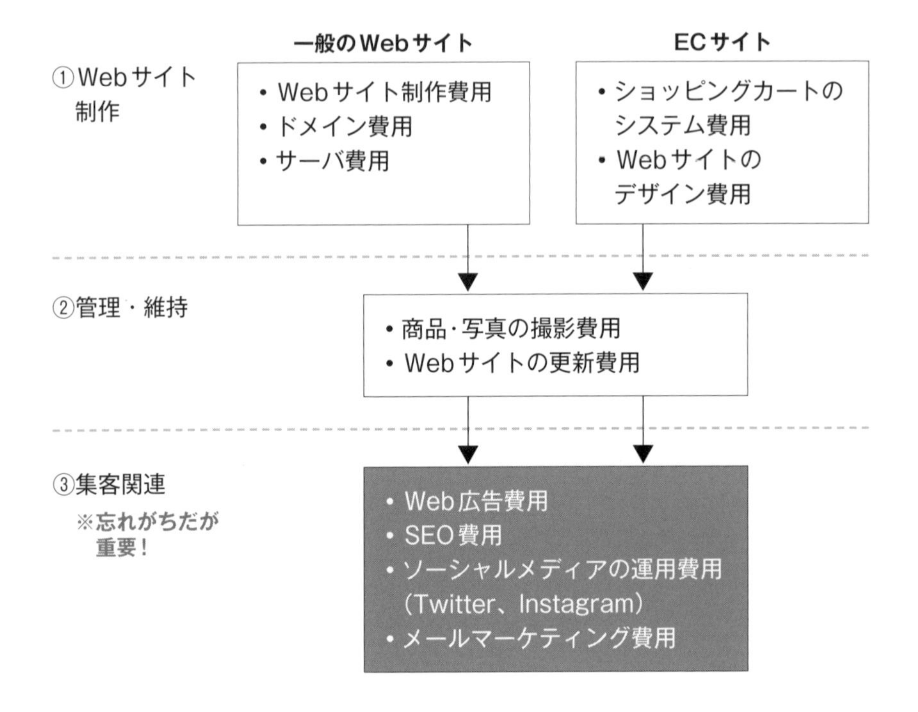

①まず考えなくてはいけないのが、「初期のサイト制作費用」と「年間のドメイン費用」、「月々のサーバ費用（ECサイトのショッピングカートシステム料）」、であり、これらは絶対に必要になる費用です。

②月々のサイト更新費用は、サイトの更新自体を業者に頼まなければいけない場合は必要ですが、自社で更新できる体制をとれば人件費以外に費用はかかりません。またECサイトの運営者になると、商品の写真撮影を自分でやるかプロに任せるかでまったく管理費用が変わってきます。まずは、このあたりの費用をいかに抑えられるかが重要です。

③Web広告を利用してすぐに集客したいのであれば、月々の予算を決める必要があります。

Twitter やInstagram などのソーシャルメディアやメールマガジンの管理も、自社でやるのか、コンサルタントをつけてアドバイスを受けるのかで随分と費用が変わります。潤沢な予算がない限り、ここは優先すべきではありません。

SEOに関しては、地道に勉強すれば社内でもある程度の効果を上げられる部分があります。どうしても自信がない場合は業者に頼むことになりますが、SEOは業者による「アタリハズレ」が大きく、選択が困難です。確実に一定のお客様を獲得したい場合は、リスティング広告を利用するのが望ましいでしょう（→5章）。

楽天や、Yahoo!ショッピングなどのモールを利用して集客を狙う方法もありますが、モールの利用料に加え、広告や独自の検索エンジン対策など、集客に関するノウハウが必要です。

よく「Webサイトは、開設すれば世界中の人が訪れる」といわれることがあります。

しかし集客の対策を講じない限り、Webサイトにお客様が訪れることはありません。

ここまでの内容を踏まえ、次項では具体的な費用プランを考えていきます。

5 費用プランニングのケーススタディ

2つの具体例から、あなたの会社の初期費用と運営費用の目安を割り出そう

ケース1：自然食品ECサイトのケース

①Webサイト制作

外注
- ショッピングカートのシステム費用
- Webサイトのデザイン費用

- ショッピングカートのシステムは初期費用10,000円、利用料金月10,000円
- Webデザインは、個人のデザイナーに依頼（200,000円）

②管理・維持

自社で
- 商品・写真の撮影費用
- Webサイトの更新費用

- 商品写真は、すべて自社で撮影
- Webサイトの更新も自社

③集客関連

自社で
- SEO費用
- ソーシャルメディアの運営費用（Twitter、Instagram）
- メールマーケティング費用

外注
- Web広告費用（リスティング広告）

- 検索エンジン対策（SEO）は本を読んで勉強
- Twitter、Instagram、メールマガジンも自分で勉強して運用
- リスティング広告は、業者に設定を依頼（月40,000円）

①Webサイト制作

A社がかけた費用は、初期費用10,000円、月額利用料10,000円です。もっと安いシステムもありましたが、A社は本格的にネットショップ事業を行なうため、サポートもしっかりしたシステムを利用することにしました。

デザインは、クラウドソーシングサイトを使って個人のデザイナーに200,000円で依頼。自然食品は、成分や味だけでなく、商品のイメージや会社の世界観が大切なので、多少の費用はかかっても、見映えのよい綺麗なWebサイトを目指しました。

レンタルシステムであっという間にサイトが完成したので、担当者は驚いています。機能的にも大手の企業のショッピングサイトと遜色なく、きちんと売上を立てていけば十分にやっていけそうだと自信が湧いてきました。

②管理・維持

A社はたくさんの常時アイテムのほか、毎年多くの種類の新製品を発売します。商品写真を毎回プロカメラマンに依頼していたのでは費用がかさみすぎるため、担当者が写真の勉強をして、自社で撮影することにしました。

Webサイトの管理については、利用しているショッピングカートのシステムの情報を収集する限り、社内のスタッフで十分使いこなせそうだったため、自社で運営を行なうことに決めました。

③集客関連

A社ではSEOについても、担当者が本を読んで勉強をすることにしました。さらに利用しているショッピングカートの運営会社が定期的にSEOのセミナーを開催していたため、そちらにも参加してみることに。

また、オープン後に少しでも早く集客を行なうために即効性のあるリスティング広告の導入を決めました。スタートでつまずかないよう、小さな会社の運用も取り扱うプロのリスティング広告管理業者に依頼し、費用は広告費込で月40,000円です。

TwitterやInstagramは自社運営を検討しています。今のところ、ソーシャルメディアは後回しにして、まずはショッピングカートの機能を使いこなしつつ、リスティング広告とSEOでの集客で軌道に乗せるのが課題です。

初期費用	
ショッピングカート初期契約費用	10,000円
Webサイトデザイン外注費用	200,000円
	合計210,000円

毎月の費用	
ショッピングカート月額利用料	10,000円
Web広告費用	40,000円
	合計1か月／50,000円

ケース2：税理士事務所のケース

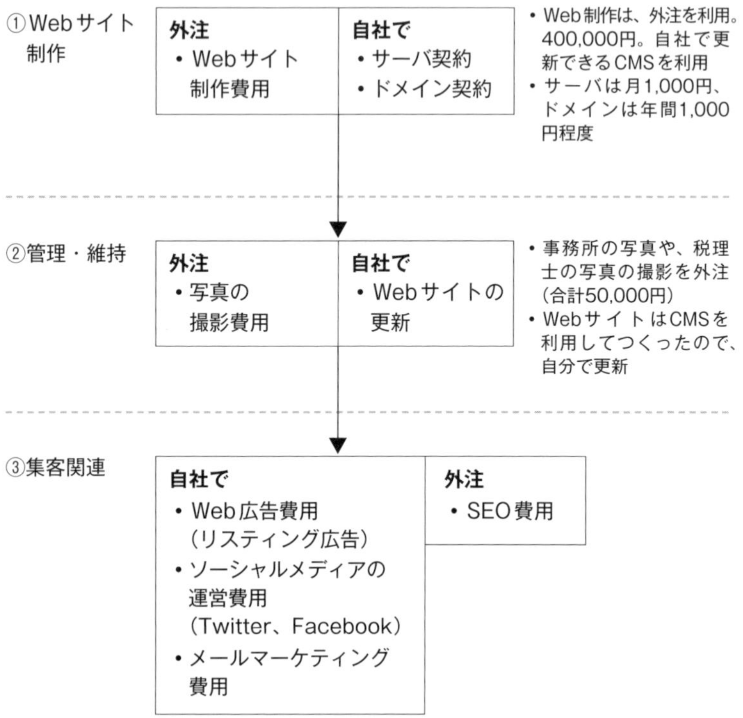

①Webサイト制作

外注	自社で
• Webサイト制作費用	• サーバ契約 • ドメイン契約

• Web制作は、外注を利用。400,000円。自社で更新できるCMSを利用
• サーバは月1,000円、ドメインは年間1,000円程度

②管理・維持

外注	自社で
• 写真の撮影費用	• Webサイトの更新

• 事務所の写真や、税理士の写真の撮影を外注（合計50,000円）
• WebサイトはCMSを利用してつくったので、自分で更新

③集客関連

自社で	外注
• Web広告費用（リスティング広告） • ソーシャルメディアの運営費用（Twitter、Facebook） • メールマーケティング費用	• SEO費用

• 検索エンジン対策（SEO）は、専門家からアドバイスをもらう（月20,000円）
• Twitter、Facebookは、自分で勉強して運用
• メールマガジンも自分で勉強して運用
• Web広告（リスティング広告）は、本を読んで自分で勉強（広告費のみ月20,000円程度）

①Webサイト制作

B税理士事務所では、税務顧問のお客様をWebから集めるために、新たにWebサイトをつくることを決めました。税理士事務所のサイトは新たにどんどん商品が追加されるものではありません。主力サービスである税務顧問、会社設立などのサポート内容を訪問者にしっかり伝えるために、最初にコンテンツやデザインをつくり込む必要があります。

そこで、コンテンツも含めてしっかりしたWebサイトをつくってくれる会社を探しました。WordPressという自社でブログのようにコンテンツが更新できるしくみ（CMS）を利用し（→75ページ）、合計400,000円で制作してもらいました。サーバとドメインは自社で取得したため、毎月の管理費用は大幅に抑えることができました。サーバ代は月1,000円、ドメイン代は年間1,000円です。サイト訪問者への信頼度を上げるために、プロのカメラマンに所属税理士や事務所の写真を撮影してもらいました。写真撮影費用は50,000円です。

②管理・維持

定期的に税務関連のコンテンツや事務所のリリース情報を追加することになりました。WordPressを採用しており、B税理士事務所のスタッフで更新・管理可能なため、費用はゼロです。

③集客関連

リスティング広告を自社で運用することを決めました。広告費用は月20,000円です。

SEOは月20,000円で対策、アドバイスをしてくれる定額のコンサルタントが見つかったので、しばらくはこの業者に依頼することにしました。料金は安く、メールでの質問やWebミーティングで丁寧に対応してくれます。他に見積りをとったSEO業者は、料金が高い割に対応が悪く、どうやら値段と質は必ずしも比例しないようです。

FacebookやTwitterは自ら運営することを決めました。というのも、B税理士事務所の代表税理士はFacebookが趣味で、すでに数百人単位で友達登録があり、そのまま個人アカウントの運用でも十分に活用ができそうだったからです。

初期費用		
	Webサイト制作費用	400,000円
	写真撮影費用	50,000円
		合計450,000円

毎月の費用		
	Web広告費用	月20,000円
	SEO外注費	月20,000円
	レンタルサーバ代	月1,000円
	ドメイン代	月約90円
		合計1か月／41,090円

6 「不動産費用」と「営業マン」の代わりに「Web担当者」と「更新マン」が必要

Webサイトの価値は「更新担当者」が左右する。読者の気持ちを汲み取るセンスのある人が適任

◆ Webサイトとリアルな店舗ではコストの「質」が異なる

ビジネス目的でWebサイトをもつことは、インターネット上に自分の店舗や事務所をもつことと同義です。Webサイトはあまりお金をかけずに始められ、運営も容易で、集客も簡単だというのは大きな誤解です。

たしかに業種やサービスによっては、やり方次第で低コストで売上につなげることも不可能ではありません。しかしほとんどの場合、Webサイトをビジネスとして機能させるためには、継続的に人を集めるための広告費や更新するための人件費など、金銭面や事務面でのコストが発生します。

Webとリアルの店舗の違いは、「安い」「高い」ではなく、集客や売上につなげるための店舗維持にかかる「コストの質」で判断しなければいけないのです。

◆ Webサイトの「土地代」は激安だが何もしなければ価値は0

リアルな店舗や事務所で必ず発生する大きな費用としては、不動産費用が挙げられます。毎月数万〜数十万円、大きな敷地や一等地では数百万円の費用が発生します。Webサイトの場合は、理論上、サーバをレンタルするだけで月数百〜数千円、場合によっては無料で「土地」を用意することができます。

では、リアルな土地とWeb上の「土地」は、何が異なるのでしょうか。

1つめは「集客力」です。高い一等地の不動産は、お客様が訪れるのに便利だったり人通りが多いケースが多く、この価値が不動産の金額に上乗せされるわけです。それに対してWebサイトはホームページをつくっただけでは誰も訪れてはくれませんので、ハッキリ言って不動産価値は0円です。これを訪問者がたくさんやってくる「優良不動産」に変えていく必要があるのです。

もう1つは、リアルな店舗や事務所では、呼込みや営業担当者を雇って商品サービスの販売促進活動ができるという点です。人通りの多いところで呼込みやティッシュ配りなどを行なえば集客が見込めますし、保険や専門機械など価格の高い商品であれば営業マンが営業に回って利益を上げることができます。

それに対してWebサイトでは、営業マンが顧客一人ひとりにホームページを見てもらうよう呼びかけるのは大変効率が悪いですし、ティッシュ配りなどからWebサイトに誘導して利益が出る商売も限られてきます。

◆ Webサイトの不動産価値を支えるのは「更新担当者」

Webサイトでは、そういった駅前の一等地に不動産を置くことによる集客戦略や、営業マンによる人海戦術がまったく通用しません。小さな会社のWebサイトで最も重要になるのは、店舗やリアルビジネスにおける「営業マン」の役割を担う、「Web担当者」や「更新担当者」といわれる人々の存在なのです。

Webサイトにとっての「不動産価値」とはつまり集客力です。

放っておいてもアクセスはほとんどありません。アクセスを増やすためには、検索エンジン対策や、TwitterやInstagram、YouTubeによるファンの獲得、Webメディアに取り上げられるためのPR、リスティング広告による集客など、さまざまな手法を駆使する必要があります。また役に立つコンテンツを追加していくことで、どんどん価値は高まります。

◆更新担当者に向いているのは「クリエイター」

Webサイトの運営にあたって、更新担当者は必須ともいえる人材ですが、最もよくある間違いが、「パソコンに詳しい人」に任せてしまうことです。

更新担当者に最も重要な能力は、実は人の心をつかむ文章力やセンスです。

Webサイトのコンテンツは、主に文章と写真なわけですから、パソコンの知識以上に、読み手のことを考えた文章作成を行なうクリエイター的な能力が求められます。SNSやブログで画像を多用するなら、写真の撮影や簡単な加工などのセンスも重要です。

企業がTwitterなどで炎上（→123ページ）を起こす事例が頻発していますが、読み手のことを考え、自分の書いた文章がどんな印象を与えるかを考えられなかったことが原因であるケースがほとんどです。

誰を担当者に置くか悩んだら、更新は文章力・センスに長けた社員、管理はIT知識のある社員という考えで選ぶとよいでしょう。

◆成功するWebサイトのポイントは「制作」よりも「更新」

小さな会社では、とりあえずWebサイトを立ち上げることだけが目標になっていて「誰がどのようにWebサイトを運用するのか」を考えていないケースが大変目立ちます。ホームページの制作費だけでなく、マーケティングにかかる費用、継続的な更新にかかわる費用や労力を、必ずはじめのうちに明確にしてください。

次章からは、Webサイトのコストパフォーマンスの高い制作法、継続的に集客を行なうにはどんな方法があるのか、また自社で取り扱っているサービスや商品と相性がよい方法とはどのようなものかなどを、具体的に解説していきます。

1

中小企業でも結果を出せるWebサイト構成の考え方

いざWebサイト制作に着手しようとすると、デザイン面に時間と手間を費やしてしまい、利用者の使いやすさや、売上につながる導線などについてほとんど議論する暇なくサイトができあがってしまうことは少なくありません。「見栄」や「見映え」を優先させることなく、結果に直結するサイトデザインを目指すための方法を紹介します。

1 結果を出すための Webデザイン3つの基本

「シンプルなデザイン」「センスのよいロゴ」
「淡い背景色」の3原則を貫くとうまくいく

❶Webデザインはシンプルに徹する

Webサイトは自社の「城」のようなものですから、なるべく見映えよくオリジナリティの高いサイトをつくりたいと考えるのも無理はありません。これが、大きな落とし穴です。

Webサイトは決して自己満足のためにあるのではなく、あくまでもあなたの会社のサービスや商品情報をわかりやすく説明し、購入まで結びつけるためにあるはずです。

そのために必要なのは、以下のようなことに限られます。

- すぐに目的の情報にたどり着けること
- 動画や音楽で動きが止められることなくスムーズに操作できること
- 商品名や写真の見やすいレイアウトを心がけること

これらを満たそうと思えば、「シンプルで、使いやすく、どこかで見たことのあるデザイン」に落ち着くことが圧倒的に多くなるものです。

複雑なデザインにすると、更新やデザインの変更に手間がかかるだけでなく、レイアウトも崩れやすくなるため、結果的に格好の悪いサイトになりがちです。シンプルであるほど、後々の更新やリニューアルが簡単になりますし、担当者の労力も少なくなるのです。

一般的なWebデザインとしては、メインのコンテンツの他に、サイドバーを用意した、2カラム、3カラムのタイプがあげられるでしょう。最近ではスマートフォンを意識して1カラムのタイプもあります。カラムとは「縦列の段組み」のことで、見やすいように縦列の段を区切ったものになります。

1カラム、2カラム、3カラムのデザイン

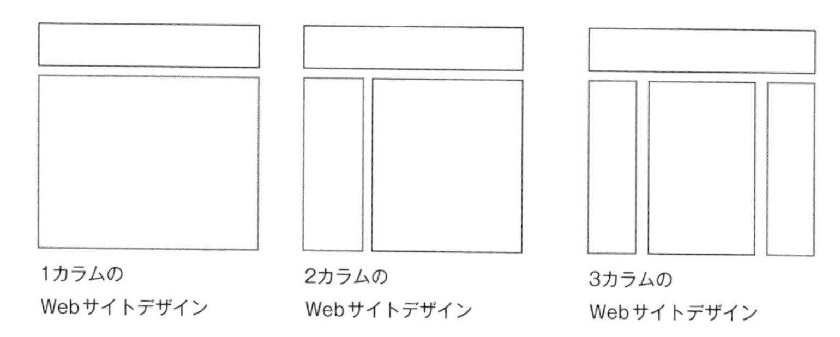

とはいえ、あまりにシンプルすぎるデザインでは何の特徴もなくなってしまいます。そこで、いくつかの要素に力の入れどころを絞り込みましょう。

❷「ロゴ」と「メイン画像」に力を入れる

「自分はデザインセンスに自信がない」と考える人は少なくありません。中には、それだけの理由で外部業者に全面委託してしまうケースもあります。

企業ホームページのWebデザイン制作に、特別なセンスは必要ありません。「ロゴ」と「メイン画像」に力を入れれば、十分に洗練されたデザインに仕上げることができるからです。

ロゴをバシっとした綺麗なものにすれば、それだけでデザインは締まります。

色数や情報量が多すぎると、せっかくの洗練されたロゴデザインが殺されてしまうのです。

ロゴ以外のデザインはシンプルにしたほうがスタイリッシュに見えます。そこに画像やイラスト、適切なキャッチコピーが入ることで、デザイン面では信頼性の高いWebサイトにチェンジします。

たとえば次ページのリンク先は、筆者が運営するブログサイトです。デザインはテンプレートで配布されているものを利用し、ロゴは自作、キャラクターはデザイナーに依頼しました。

制作期間はたった３日ですが、手軽にスッキリとした見やすいサイトができることがわかるでしょう。
https://hitorionsen.jp/

❸色は極力シンプルにして背景は迷ったら白

あなたが色彩のプロフェッショナルでなければ、Webページのベースカラーや背景色は、極力シンプルにすることをおすすめします。「色に関してはシンプルに」という方針を決めて、それを貫き通してください。というのもWebサイトの制作会議では、肝心のコンテンツ内容が議論される前に、色や些細なデザインの話で大幅な時間を費やすケースが非常に多いからです。色の善し悪しは結論が出にくく、誰でも口を挟みやすいため、議論の対象になりやすいものです。カラーの方針は、最初に明確に固めてしまいましょう。

信頼性のあるデザインに仕上がれば、色が少々変わったところで売上が大きく変化することはほとんどありません。

背景やベースカラーに悩んだ場合は、背景は白、ベースカラーは薄いグレーや水色など主張の弱いものにすることをおすすめします。ベースデザインそのものは、Webサイトの主役ではないからです。

たとえば代表挨拶のページでは、主役は代表のメッセージや印象のよい写真であるはずです。もし背景が赤や黄色になると、肌の色やスーツの色が沈んでしまったり、変に浮いたりする恐れがあります。これは、ECサイトのページなどでも同様で、主張の強い色を背景に敷くと、商品写真の色とのバランスがとれず全体として印象の悪い色合いになります。

たとえば、ショッピングサイト大手「Amazon」の背景は白ベースのデザインです。特に色合いが重要なファッション関連サイトである、「マルイウェブチャネル」や「ZOZOTOWN」なども、背景やサイト全体に白い空間を多く配置しているのがわかります。ぜひ、一度ご自分の目で確かめてみてください。

Webサイトの構成とレイアウトを考えるヒント

繁盛している他社サイトの理由を分析して、有効な部分だけを取り入れよう

◆ Webデザインはスマートフォンベースで考える

いまや、多くの人がスマートフォンでWebサイトを閲覧するようになりました。

ショッピングサイトなどでは80%以上がスマートフォンユーザーによる訪問ということが多いようです。そうなると、Webサイトのデザインはスマートフォンをベースに考える必要があります。

よくあるのが、Webサイトの制作やリニューアルの会議の際に、PCサイトの画面を中心に、話を進めていき、おまけ程度にスマートフォンのデザインの話をするケースです。利用者の大半がスマートフォンであれば、これほど無駄なことはありません。

むしろ、スマートフォンのデザインをベースに、おまけでPC画面での表示を確認するという優先順位でWebサイトの制作を進めていきましょう。

一方で、法人向けのサービス等で、ほとんどが会社のパソコンからアクセスされるようなケースもあります。

すでにWebサイトをもっている場合は、Google Analytics などのアクセス解析で、事前にPCとスマートフォンの訪問者比率を調べておきましょう。

中小企業のWebサイトの場合は、基本的に「レスポンシブウェブデザイン」という形式でサイト制作を行ないます。パソコン、タブレット、スマートフォンなど画面のサイズが変わると、自然にそれぞれの表示に合うようにレイアウトが変化するしくみです。

PC、スマートフォンで完全に別々のサイトをつくってしまうと、更新や修正の作業にかかる手間が倍以上になってしまうのでおすすめしません。

◆スマートフォンサイトのデザインのポイント

スマートフォンサイトでは、PCサイトと異なるデザインのポイントがいくつかあります。

①ボタンは押しやすい形に

1つ目は、ボタン（リンク）の押しやすさです。スマートフォンでは、私たちは人差し指や親指でタップ（クリック）を行ないます。

そのため、印象のよいボタンは横長よりも、正方形や、円（親指の腹で簡単に押せる大きさが目安）が中心になります。横に長細いリンクなどは非常に押しにくいのです。

これだけで、クリック率や遷移率に大きな影響を及ぼします。

②情報は横に並べない

次に、情報はなるべく横に並べずに、上下にスワイプするだけで、さっと見られるようにするという点です（38ページ図表1）。

スマートフォンでは上下の画面遷移はさほど苦ではありません。

LINEやTwitter、Facebookなど主要なSNSがそうであるように、私たちの目線も上下移動に慣れています。

一方で、横にたくさん細かく情報が詰め込まれていると疲れてしまいます。バナーを横に複数並べる、テキストボックスを複数並べるなどすると、ごちゃごちゃして視認性も操作性も悪くなります（図表2）。また、上下にすぐにスクロールされてしまうので、結果的にバナーを横にスライドしてもらえず、見てほしい情報を見てもらえない可能性も高まります。

③メニュー表示をわかりやすく

最後に、メニュー表示です。スマートフォンサイトでは、図表3のようにハンバーガーメニューというものがよく使われます。これは、PC用のサイドバーメニューをスマートフォンのレスポンシブウェブデザインが勝手にアイコンとしてまとめてしまうことから起きます。これだと、アイコンをクリックするまでどんなメニューがあるかわからず、使いにくいサイトになります。

特に閲覧してほしいページ、ニーズのあるページは、図表3のように、画面の下部もしくは上部に別途アイコンと合わせてメニューを作成するようにしましょう。ハンバーガーメニュー部にも「メニュー」と文字を入れてあげるとさらにわかりやすいでしょう。

④フォントの大きさに注意

スマートフォンの場合は、画面サイズの関係から利用するフォントのサイズにも注意が必要です。極端に画面を専有せずに、はっきり視認できるおすすめのフォントサイズは、15px〜16pxです（px＝ピクセル。Windowsの場合、15pxは約11.25ポイント相当)。最低でも12px以上の大きさを確保しましょう。

⑤訪問者に実行してほしいアクションを明確に

スマートフォンサイトはPCサイトに比べ、ながら利用や通勤電車など気が散る環境での利用、通信環境による表示の遅さなどからユーザーの離脱率が高めです。そのため、訪問者にどういったアクションを取ってほしいかをPCサイト以上に厳選して絞り込む必要があります。

スマートフォンサイトはPCサイトより商品購入率や問合せ率が下がるケースが多いので、できる限りライトなオファー、具体的には「LINEの登録」「メルマガの登録」をトップページや主要ページの目立つ箇所に準備します。

また、「初回限定のお得なセット商品」「今月の最も売れている商品、いまならおまけ付き」といったように迷わずに購入に結びつける商品を用意して目立たせるなどの工夫が重要になります。

図表1　素材が縦に並ぶ例

図表2　素材が横に並ぶ例

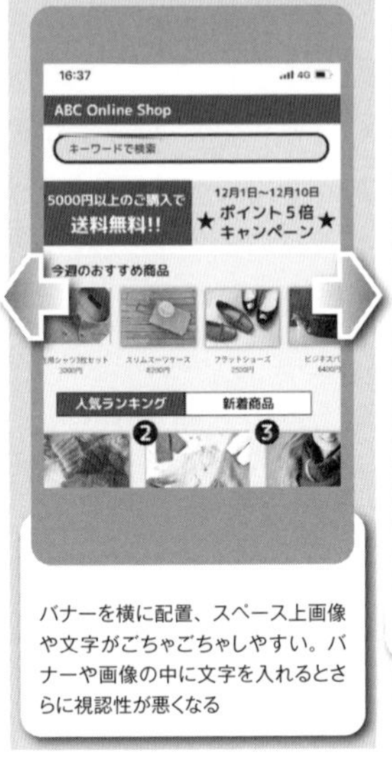

図表3　使いやすいメニュー表示の例

◆他社サイト30社から「使いやすさ」の特徴を集める

Webサイトの作成・リニューアルを考える際に最も重要な考え方の1つは、「よくできたサイトを参考にする」ということです。

とりわけはじめてサイトをつくるときは、自社の事業や商品、デザインの構想ばかりを考えて、周りがみえなくなりがちです。参考になるものが何もない中で一からつくり始めるよりも、同業でうまくいっているサイトを徹底的に研究してしまったほうが、成功率はぐっと上昇します。

Webビジネスで成功する人は、競合サイトや似たような売り方をしているサイトを徹底的に研究して、上手くいっている理由を探り、よい部分を上手に取り入れています。

参考にするサイトは、次の3種類に分けて、それぞれ10ずつリストアップするのが理想です。

①同業で繁盛していそうなサイト
②業種は異なるが、商品の販売方法や傾向が似通っているサイト
③まったく関係ないが、自分が注目している有名なサイト

①調査対象の本命は、何といっても同業サイトです。競合他社の探し方は、とりあえず自社の取り扱うサービス名や商品名、解決できる悩みなどのキーワードで検索の結果、上位に表示されるサイトを片っ端からチェックしていきます。

家具販売を取り扱う会社であれば、家具販売でのネット上の露出が多いサイトを研究します。実際に閲覧・利用しながら、売れていそうなサイトや、使いやすいサイトは何が違うのか、隅々まで調べましょう。

「お客様の声」がたくさん集まっている、新商品や新情報が頻繁に更新されている、目を引くキャッチコピーがあふれているなどが、売れているサイトの特徴です。サイトの全体像を把握したい時は、サイトマップを見てみましょう。Googleの検索エンジンで「サイト名＋サイトマップ」で検索すると、同業サイトのサイトマップページに検索結果からアプローチできます。

②業種が異なっていても、サービスの質や商品の売り方が似ているサイトは要チェックです。あなたが税理士事務所を運営していれば、同じ士業の弁護士や司法書士事務所のサイトを研究すると気づきがあるでしょう。隣接業種は、同業種のライバルが気がついていないアイデアが隠されていることが多く、狙い目です。

③上記２つほど力を入れる必要はありませんが、自分が好きなサイトと、上記２つのサイトの違いを比較すると参考になります。まったく異なる業界やしくみのサイトと比較してみると、自分の業界独特の考え方やポイントが理解できることが多いでしょう。

たとえば高級化粧品など、高額かつ直接体に触れる商品の場合は、詳細な商品説明をつけたり、レビューをすべて公開して信頼

性を高めるなど一つひとつの商品に手間をかける必要があります。
一方、書籍販売のように、商品が高額ではないうえ「ハズした」ときのリスクが相対的に低い場合は、発送の早さや商品点数などが重要視されている、などといった違いが発見できるのです。
品数なのか、商品の綿密な説明なのかなど、利用者に必要とされる情報をハッキリさせることができれば、限られた資金や時間を効果的に投入できます。

◆7つのチェックポイント

他社サイトを参考にするときは、下記のリストを使って効率的にチェックしていきましょう。

他社サイトを参考にするときのチェックポイント

- □どんなコンテンツがあるのか（サイトマップを見る）
- □サイトの全ページ数
- □問合せフォームの項目
- □ショッピングカートから購入までのしくみ
- □商品のバリエーション、カテゴリ分け
- □はじめて訪問するお客様を引き込む「ウリ」にしているコンテンツは何なのか
- □デザインの雰囲気（スタイリッシュ、親しみやすい感じ、激安っぽい印象など）

繰り返しになりますが、Webサイトで重要なのは、あくまでサイト内のコンテンツと商品そのものであり、「オシャレだから売れている」といったことは滅多にないと考えてください。デザインにこだわりすぎないよう、くれぐれも注意しましょう。

◆他社サイトのアイデアを取り入れる際の注意事項

繁盛しているサイトの要因がわかってきたら、少しずつ自社サイトに取り入れていきましょう。

競合にキャッチアップしてから徐々に自社のオリジナル要素を試行錯誤していくのが1つの成功パターンです。

（当然ながら完全なコピーは違反行為ですので、他社のWebソースや画像をコピーすることは控えてください）

一方で、会社のコンセプト、取扱い商品のバリエーションや価格差などから思うように模倣できないこともあるでしょう。その場合は、まず競合会社と自社の違いを書き出して、本当にWebで販売するうえでその要素が必要なのかどうかを検討します。これはとても重要で、リアルで売れるものとWebで売れるものでは傾向が異なることが多々あります。

たとえばWebでは配送料が追加でかかるため、単価の低い商品が単体で売れにくい傾向にあります。高額で品質のよい商品のほうが配送料の負担感が少なく有利なのです。

また、リアル店舗において激安の商品で「客引き」をしていた場合、同じ方法がWebではうまくいかないケースがあるため、販売方法を切り替える必要があります。

たとえば街の薬局では、お菓子や飲料などの格安な食品や日用品を店頭に並べてお客様を誘い込む手法が一般的です。ところがWebサイトで薬品や化粧品を販売する場合は、お客様は求める商品をピンポイントで検索していきますので、日用品を入口にした戦略はむずかしいといえます。

「自分たちは自分たちのやり方でやる」と意固地にならず、他社の販売戦略を調べ尽くし、参考にすべきところはどんどん参考にしていくことで、成功を引き寄せることができます。

3 基本的な情報をとことん充実させる

会社概要、商品紹介、代表挨拶、問合せのページは「伝わりやすさ」「目立ちやすさ」を意識しよう

◆メインはあくまでトップページ以外のコンテンツ

トップページのデザインはあくまでも最低限の印象を与えるものに過ぎず、問合せや商品の購入、メールマガジンの登録など、訪問者を「次のアクション」につなげることに注力しなければなりません。

多くの会社に求められる、Webサイトの基本コンテンツについて確認していきましょう。

◆会社概要はもっとも重要なページ

中小企業のWebサイトで最もアクセス数が多いのは、トップページを除くと、会社概要や運営者などの情報です。

問合せを行なうにせよ、商品を購入するにせよ、あなたのページを訪れる人は、まず運営している会社が信頼できる会社なのかどうかをチェックしようとするのです。

会社概要については、設立日、資本金、代表プロフィールなどの基本情報をそろえるのはもちろん、あなたの事務所が立派な商業ビルに入っている場合などは、オフィスの写真を載せておくのもよいでしょう。

情報がオープンであればあるほど、Webサイトの信頼度は高まります。

見映えをよくするために、会社情報や所在地のページをフラッシュや画像で作成しているケースがみられますが、なるべくやめておきましょう。文字情報でないとコピー&ペーストができず、メールなどのやり取りで住所を伝えるときに不便です。

地図情報も、デザイン性を重視するあまり道順がわかりにくく実用性の低いものになっているページをよく見かけるでしょう。Googleマップなど、より多くの人が使っているWeb上の規格を利用するほうが、訪問者にとって親切です。

また、会社概要ページは個人向けのサービスを展開している会社の場合はもちろんのこと、PCで閲覧される機会が多い法人向けの会社であっても、スマートフォンで閲覧した時にレイアウトが崩れることがないように対応をしっかりしておきましょう。お客様が外出中に情報を探すなど、スマートフォンからの閲覧機会も少なくないからです。

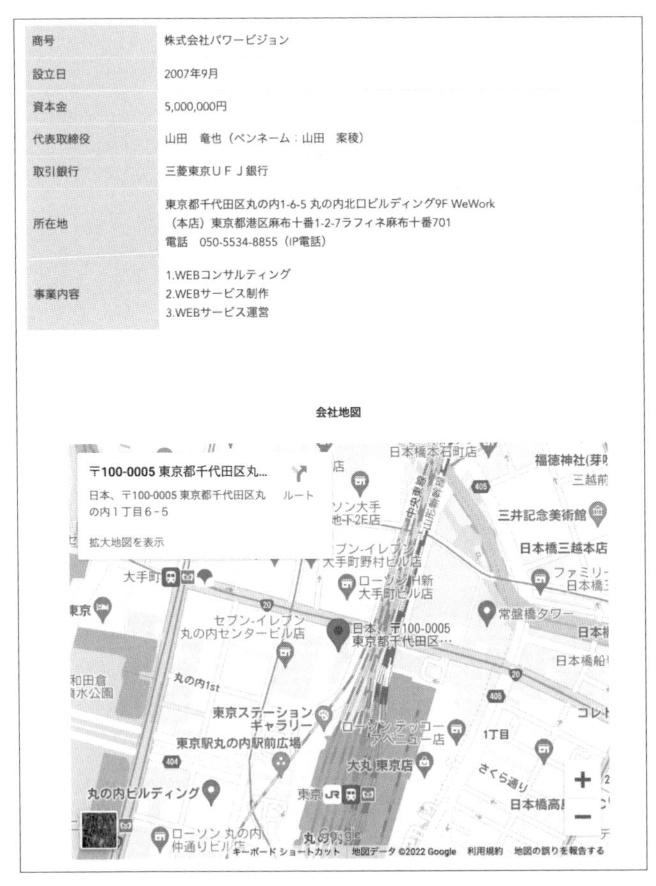

商号	株式会社パワービジョン
設立日	2007年9月
資本金	5,000,000円
代表取締役	山田　竜也（ペンネーム：山田　案稜）
取引銀行	三菱東京ＵＦＪ銀行
所在地	東京都千代田区丸の内1-6-5 丸の内北口ビルディング9F WeWork （本店）東京都港区麻布十番1-2-7ラフィネ麻布十番701 電話　050-5534-8855（IP電話）
事業内容	1.WEBコンサルティング 2.WEBサービス制作 3.WEBサービス運営

会社地図

◆ コンセプトは「代表挨拶」と「商品説明」のページに集約する

事業や商品に対する「思い」を伝えるコンテンツは大切です。ただし、「思い」に関わるコンテンツが多すぎて結局趣旨が伝わらないページがよくみられます。

Webサイトの名称の由来、事業のミッション、商品に込めた思い、代表の挨拶などの要素がそれぞれ別々のページに配置されている場合は、明らかに情報過剰です。

代表挨拶とミッションの内容に統一性がなかったり、文章があまりに稚拙だったりすると、それだけでよい印象を与えられません。コンテンツの数を絞った上で、一番伝えたいことを簡潔にまとめる必要があるのです。

一般的には「代表挨拶」と「商品にかける思い」の２つがあれば充分だといえます。

そのほかの内容は、それぞれのサービスや商品の個別ページで伝えていけばよいのです。

◆ 問合せフォームはわかりやすい位置におく

問合せフォームや商品購入ボタンは、Webサイト上の全ページのヘッダー（画面最上部）、もしくはトップページをスクロールせずに表示される範囲でサイドバーに、設置するようにしてください。また主要なコンテンツページの下部には、必ず問合せボタンを設置しておきましょう。

問合せフォームは、とにかく目に付きやすい場所に配置するのが必須です。

わかりにくい位置にあると、「問い合わせてほしくないのではないか」という印象を与えます。

また電話での問合せや予約が多い業種の場合、とにかくすべてのページの目立つ場所に電話番号を載せておきましょう。一般的には、いちばん訪問者の目に止まりやすい画面右上に掲載するのが定石です。フリーダイヤルを取得し、気軽に問合せできるよう配慮しておくとさらに親切な印象を与えます。

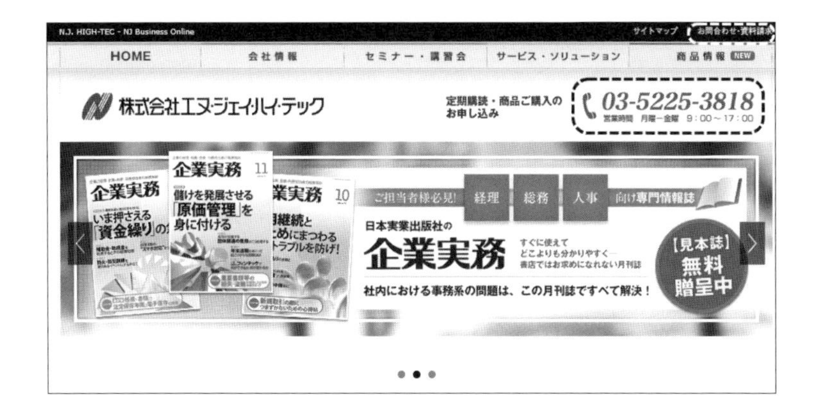

◆問合せしやすい問合せフォームをつくる

Webサイトで特に重要な部分は、ゴールとなる問合せに関わる箇所です。問合せフォームが使いにくい、また問い合わせてきたお客様への対応がおろそかだと、せっかくのWebサイトからのお客様の申込みが売上につながらなくなってしまいます。

●知っておきたい問合せフォームの種類

まず、問合せフォームの種類を理解しましょう。ECサイトを運営している場合は、問合せフォームではなくショッピングカートのシステムを利用することになります。こちらについては、7章で紹介しますが、よほど規模の大きな会社でない場合はレンタルのショッピングカートを利用することになり、多少のカスタムはできるものの項目やフォーマットは決まっています。

ECサイト以外の企業ホームページで問合せフォームを利用する場合、主に2つのパターンがあります。

図表1　問合せフォームの種類

	フォーム機能	顧客管理機能	詳細
自作フォームシステム（CGI、PHP、プラグインなど）	◎	△	低額で実装可能。改造には自分でシステムを触るか、Web制作会社に依頼が必要。顧客管理の機能がない。自作であれば、デザインや機能の拡張は自由度が高い。
クラウド型フォームシステム（formrunなど）	◎	○	自動でシステムがバージョンアップされる。管理も楽で機能やフォームのインターフェイスもレベルが高い。簡単な顧客管理システムもついている。
CRMシステム（Zoho CRMなど）	○	◎	顧客管理がメインのシステムなので、顧客管理機能が充実。フォームの作成も簡単にできるが、フォームのインターフェイスや機能は専用のものには劣ることもある。

CGI…Web上でプログラムを動かすしくみ　PHP…Web開発に使用するプログラム言語

①自作フォームシステム

１つは、CGIやPHPなどでフォームを作成するケースです。この場合も完全に一から作成する必要はなく、あらかじめパッケージ化されたシステムをあなたの会社の契約したサーバにアップロードして、設定を変更していくだけでフォームをある程度カスタムできるようになっています。少し勉強すれば、専門的なプログラムの知識がなくても十分に設定が可能です。

無料のものから10万円程度のものまで機能などによってさまざまですが、料金は買い切りで済みます。一般的には5,000円以下程度の予算で、十分な機能のフォームシステムを購入することが可能です。

WordPressなどのブログシステムを利用する場合は、プラグインという形でこういった問合せフォームを簡単に設定することができます。

Web制作業者に依頼する場合は、フォームを一から作成するか、こういったフォームのシステムを利用するかして、設置カスタム作業をすべて行なってくれます。

②クラウド型フォームシステム

もう１つは、月額費用を払ってクラウド型のフォームシステムをレンタルするしくみです。機能はどんどん自動で拡張していきますし、セキュリティなどもすべて提供会社が行なってくれますのでとにかく楽です。また、問合せフォームのシステムの中に顧客の管理システムが含まれているものもあり、複数人の担当者でログインし、問合せをしてきたお客様の割り振りや対応のステータスなどをリアルタイムで管理することも可能です。代表的なクラウド型のフォームシステムには、formrunなどがあり、無料で利用できるものもあります。

バグや管理の手間、バージョンが古くなった時の手間などを考えるとクラウド型のフォームシステムは大変便利です。住所入力自動補完や、リアルタイムバリデーションという入力項目の正誤判定機能などもついており、利用者にとっても使いやすいフォーマットになっていることが多いです。まず悩んだらformrunなどクラウド型のフォームを導入してしまってもよいでしょう。

●問合せしやすいフォームと問合せしにくいフォーム

先ほど解説したとおり、住所の自動入力や、バリデーションの機能があると利用者にとっては大変使いやすいものになります（図表2）。

また、入力項目が少なく、不明瞭な解説文がないことが重要です。

よくあるパターンとして、ほとんど利用しないにも関わらず問合せフォームで細かい個人情報やアンケート項目の記入を要求しているものがあります。こういったフォームは確実に申し込み率が減ります。BtoBの事業などでしたら問合せ後、実際に対面で会った時にこういった情報は知ることができます。入力項目はできる限りばっさりと切り捨てるようにしましょう。

また、トラブルを避けるためにどんどん「注意事項」の文章が追加されていくケースもよく見かけます。

「○○の場合は○○なのでご注意ください」「○○な方はご遠慮ください」といった文言がずらりと並び、ひどい場合は2,000文字以上注意事項や説明文が並んでいることもあります。これでは、まるで問い合わせてこないでほしいと言わんばかりです。

問合せを受ける担当者からの依頼（クレーム）をそのままWeb担当者がなんとなく受け付けているうちにそのようになっていくの

図表2　バリデーションの例

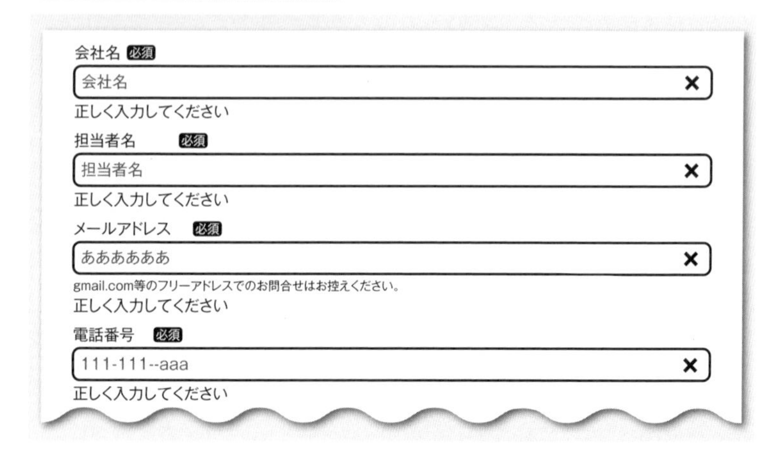

でしょうが、トラブルを避けたいがために優良な顧客の問合せまで減らしてしまったら本末転倒です。

●問合せへの効果的な対応

問合せから購入や営業面談のアポイントなど次のアクションにつなげたい場合、もっとも重要な要素はレスポンスの速さです。Webだから対応がゆっくりでもいいというわけではありません。実際に、レスポンスのスピードが３営業日以内だったものを、すべて２時間以内に行なうように変えた途端、アポイント率が２倍以上になった例もあります。

基本的に、お客様にとっては問合せをした瞬間がもっとも熱量が高いタイミングです。時間が経てば立つほど熱は冷めてしまうため、できる限り早期にサポートを行なうのが望ましいです。

また、問合せフォームで「資料請求」という項目をメインにしているサイトも多いですが、こちらも見直しを検討しましょう。「資料請求」をメインにしてしまうと、お客様が「まずは資料を見てからにします」「資料が届いてから考えます」といった気持ちになってしまって熱量が冷める可能性があります。

筆者のお客様でも、問合せフォームから「資料請求」という項目をなくし、すべて「問合せ」に変更してから、問合せの合計数は減ったものの、アポイントや契約の数が大きく増えた例があります。

資料請求をなくすのが不安な場合は、一度資料請求を中心にしたケースと、そうでないケースのどちらが効果的か検証するテストを行ないましょう。

また、早期のアポイントを実現するために、顧客の管理も重要になります。特に問合せ数が多い場合は、複数の担当者で割り振りを行ない、素早く顧客対応を行なう必要があります。

そのような場合は、顧客の管理システムが整っている先述のクラウド型のフォームシステムを導入するか、外部の顧客管理システムと問合せフォームを自動連動して顧客の管理を行なうようにしましょう。Zoho CRMなどのCRM（顧客関係管理）を専門としたクラウドサービスが、簡単に作成できるクラウドのフォームシステムを提供している場合もあります。こちらを検討するのもおすすめです。

◆ プライバシーポリシーや特定商取引法の情報には気をつかう

個人情報保護が重視されるようになり、小規模の会社であってもプライバシーポリシーや特定商取引法の表示が求められています。特にECサイトのように、Web上で決済を行なうサイトの場合は特定商取引法の表示が必須です（→238ページ参照）。

サイト内にこれらに関する個別ページを作成するのは当然です。**さらに問合せや注文の直前にもそのページへのリンクを掲載しておくことで、信頼度は上がります。**

特定商取引法やプライバシーポリシーは、ほとんどのWebサイトが掲載していますので、自社にあったスタイルを見つけるために色々なサイトを見ていきましょう。当然ながら、「完全コピー」は許されませんので注意してください。

4 Webコンテンツに必要なのは「信用」と「共感」

買ってもらうためには、理屈で押す前に必要な順番がある

◆売れるコンテンツにはパターンがある

多くのWebサイトは、商品の説明やデザインにエネルギーを費やしてしまいがちです。もちろんそれは決して無意味なものではありません。

しかし、私たちが購買行動を取るためには、商品説明や、価格説明の前に必要なステップが存在しています。それは、「信用」と「共感」のステップです。

たとえば、見ず知らずの人に、いきなり理屈っぽく商品の売り込みをされたら、私たちは不快感しか覚えないでしょう。一方で、すでに慣れ親しんで利用している店であれば、価格や性能などを細かく検証することなく商品を購入します。信用している人から紹介された会社や担当者からであれば、私たちは、安心して話を聞くことができます。これが「信用」です。

また、同じ出身地や、学校などの人と共通の話をすると、親近感が湧いてきます。職人が商品をつくる過程のストーリーなどに感動すると、多少金額が高くてもその商品を買ってみたくなります。こうした感情の動きが「共感」です。

Webサイトでも、信用と共感をできる限り引き出すコンテンツをつくることが重要です。

◆信用の代表的なパターン

中小企業が気をつけたほうがよいのが、「有名な大手企業のWebサイトの真似をしてはいけない」ということです。

大手企業は、すでにその企業名、商品名自体が「信用」になっています。そのため、「信用コンテンツ」をつくらなくてもWeb上で売れるサイトになることがあります。中小企業の場合は、まず客は自社のことを知らないということを前提に、信用してもらうためのコンテンツを泥臭くつくっていく必要があります。

信用コンテンツは、信憑性が高く、自社の商品やサービスが信頼に足るものであることを証明できるような内容となります（表1）。

まず、「グッドデザイン賞」のような外部のランキングや賞などの評価は、相応の実績が要求されますが、一目瞭然の効果があります。

創業年数や、商品の合計利用者数・販売数、登録ユーザー数といった具体的な実績数値も有効です。一定の伝統や成果のある事業なら提示できる数字があるはずです。

また、雑誌やテレビ、Webメディアで取り上げられた実績があれば、必ず掲載しましょう。メディア露出の効果は、自社の媒体にその実績を載せることで倍増します。専門家、著名人の意見・コメントも効果的です。これは、知人のツテや費用をかけてお願いすることで準備が可能です。

より効果が高いのは、利用者による信憑性のある体験談の掲載で

表1　信用コンテンツのパターン

1	ランキングや、賞などの外部からの評価
2	利用者累計数、販売金額などの実績
3	メディアでの掲載実績
4	専門家、著名人の意見・コメント
5	利用者の信憑性のある体験談
6	経営者、運営者の顔を出す
7	製品・サービスのつくり手の顔を出す
8	製品・サービスの製造工程をオープンにする
9	専門知識や技術に関する情報を公開する
10	電話番号を大きく掲載

す。利用者の写真や手書きの手紙などを掲載すると、効果が跳ね上がります。できれば、匿名ではなく実名での掲載を目指しましょう。

簡単にできることとしては、経営者・運営者の顔を出す、製品サービスのつくり手の顔を出す、製造工程をオープンにするコンテンツがおすすめです。社内の承認を取り、手間をかけてつくり込めば、必ず実現できるものです。

◆ 共感の代表的なパターン

「共感コンテンツ」とは、訪問者に「これは私の悩んでいることだ」「応援したい」という気持ちになってもらうものです（表2）。

効果は低めですが、比較的簡単なのは、会話調での悩みをリストアップするものがあります。たとえば、「こんなお悩みありませんか」「最近肩こりがひどい」といったもので、訪問者の悩みと合致していれば、気持ちを引きつけることができます。

同様に訪問者が共感しやすい悩みをもった人の体験談も比較的つくりやすいです。これは、同時に「信用コンテンツ」にもなります。

最後は、「心に刺さる、会話調のキャッチコピー」や、「会話調でのストーリーコンテンツ」です。センスも要求されるため、学びとトライアンドエラーが必要です。

これらをつくる際は、Web上で寄付や資金を集めるためのサービス「クラウドファンディング」（READYFOR、CAMPFIRE、Makuakeなど）を見ると、何が心に刺さるか参考になるでしょう。

表2　共感コンテンツのパターン

1	会話調での悩み列挙
2	自分に近い、悩みをもった人の体験談
3	会話調のキャッチコピー
4	会話調での、ストーリーコンテンツ （代表、つくり手のコンテンツでもOK）

共感コンテンツは、信頼コンテンツに比べ難易度が高く、ある程度のセンスも必要なため、まずは、信用コンテンツを増やすことから取り組むとよいでしょう。「信用」と「共感」は両方必要とまではいえず、どちらか1つでも十分に効果があります。

◆最後の締めに論理コンテンツ

「信用」「共感」を蓄積した段階で、はじめて売込みです。

価格のリーズナブルさ、正当性、競合との性能やサービスの違い、魅力的な商品説明といったコンテンツを充実させます（表3）。くれぐれも売込みが前面に出ないようにしてください。

いちばんのおすすめコンテンツは、利用者の「体験談・口コミ」です。これだけで「信用」と「共感」両方の価値をもつからです。

このコンテンツを最も上手に活用して発展したサービスの1つがAmazonです。お客様が一番知りたい情報は、「どういう人が商品サービスを使ったのか」「どんな感想だったのか」「具体的にどのような利用シーンがあるのか」といった生の声なのです。

口コミや体験談を集めるのは、手間がかかりますが個人向け、法人向け問わず実施できる施策なので、コンテンツの充実を考える時に優先して着手するようにしてください。もちろん、体験談を寄せてくれた人や会社が実名で、本人の画像も掲載できればより一層信頼度が高まり効果的です。

表3　論理コンテンツのパターン

1	商品・サービスの価格のリーズナブルさ
2	商品・サービス購入時の特別オファー（限定、オマケなど）
3	商品・サービスの競合との違い
4	商品・サービスの魅力的な商品説明

5 長期的な収益力をつけるためのファーストステップ

「見込み客リスト」をつくるために、
メルマガ・SNS・ブログを活用しよう

◆最初の目的は「見込み客リスト」をつくること

ビジネスを行なう以上、最も重要なのは最終的に利益を上げることですから、すぐに商品を購入してもらうこと、高額商品であれば顧客からの問合せがWebサイトの目標となるように思えるでしょう。

しかし、年々Webビジネスの競争が激しくなり、顧客の警戒心が強まっている中では、訪問者との距離をうまく縮めていくことを最初に考える必要があります。

Webサイトを長期的に収益化するために最も重要なのは「見込み客リスト」をつくること。つまり、訪問者のメールアドレスを取得することです。これだけ個人情報保護の認識が広がっているなかでメールアドレスを伝えるということは、あなたの会社の事業に少なからず興味をもっていると考えてよいわけです。

一度アドレスを取得できれば、メルマガなどで継続的にアプローチをかけられます。

たとえばペットフードのようなリピーターが重要になる商品や、将来的に他の商品を買ってもらえる可能性の高いバリエーション豊富な商品を取り扱っている場合は、この「見込み客リスト」が財産になります。

◆見込み客リストを取得する3つの方法

「見込み客」に継続的に情報発信をするためには、次のようにいくつかの方法があります。

・メールマガジンの登録をしてもらう（5章参照）

・TwitterやInstagram、LINE公式アカウントを
　フォローしてもらう（4章参照）

・ブログの読者になってもらう

最近では、TwitterやInstagramといったSNS（ソーシャルネットワーキングサービス）が、「見込み客リスト」を取得する新たな手段として注目されています。TwitterやInstagramで自社アカウントをフォローされたり、「いいね！」ボタンを押してもらえれば、その人は見込み客としてとらえることができるからです。「タイムライン」を通して継続的に情報を流せるほか、コメント、メンション、インスタントメッセージで直接コミュニケーションをとることもできます。

メールマガジンを送るためには、メールアドレスという個人情報を取得しなければならないため相手の警戒心が強くなりますが、SNSはその点の敷居が比較的低い特徴があります。

ただしSNSのマーケティングノウハウは独特で、企業の人材やサービスによって向き不向きがありますので、4章の内容をもとに判断するようにしてください。

そのほか、経営者やWeb担当者のブログのコンテンツに人気が出れば、ブログ経由で情報を発信することもできます。

それぞれの具体的なノウハウは各章で詳しく触れますが、見込み客を獲得する際に最も注意したいのは、再三書いている「ゴールの数を欲張らない」ということです。訪問者に踏ませたいステップが何なのかを、徹底的に考えていただきたいのです。

商品も買ってもらいたいし、問合わせもほしい。SNSも見てもらいたいし、無料のメールマガジンにも登録してほしい……。これでは、ほぼ確実に中途半端なWebサイトになります。到達するゴールを明確にし、そこに導くためにサイトをカスタマイズしていくという意識を常に頭に置いて、手段を選ぶようにしてください。

6 ユーザーの「関心度」別導線パターン一覧

どんな客が訪れているのかを把握し、逆算してWebサイトの設計を考えよう

訪問者がどのくらいあなたの会社の商品に関心があるか、商品に対する知識があるかどうかで、Webサイト制作で力を入れるポイントがまったくといってよいほど変わってきます。

ここでは、どんな訪問者が集まってくるのかを予想しながら、Webサイトの構成を考えていきましょう。

❶訪問者の関心が高く、購入する商品も決まっている場合

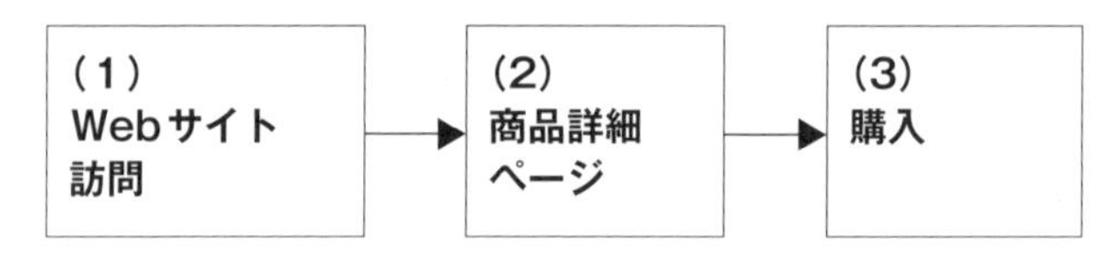

すでにほしい商品が決まっており、商品知識も豊富で、購買意欲も旺盛な訪問者は、望む商品ページにしっかり誘導してあげればよいということを意味しています（そんなケースはほとんどありませんが）。購入や問合せのボタンをわかりやすい位置に用意し、商品説明ページに必要な情報を盛り込めば、問題ないでしょう。

マニアックな商品であったり、なかなかリアル店舗では購入できない、もしくは購入しにくく、できればWebで購入したいと考える人の多い商品が該当します。

たとえば「他の豆とブレンドされていないハワイのコナコーヒー」を求める人ばかりが訪問するようなサイトです。ライバルサイトに負けないよう、商品の信頼性や価格、豊富な写真などで安心感と商品の魅力を伝えられれば、おのずと購入まで誘導することができるでしょう。

❷訪問者の関心は高いが、類似商品がたくさんある場合

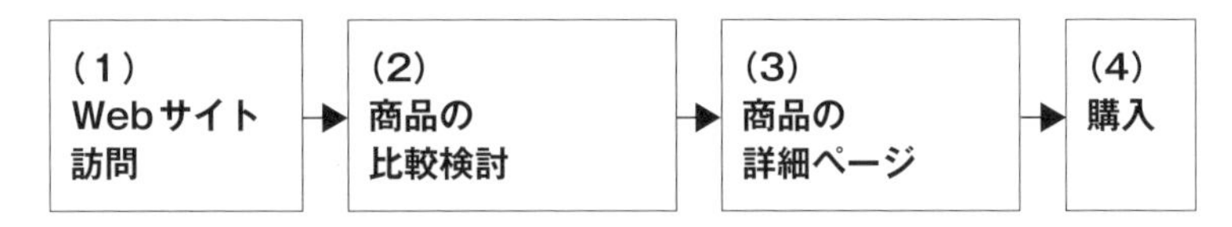

特定の商品がほしいと思ってはいるが、どれを買うか絞りきれないお客様が多い場合は、商品の比較検討をいかに助けられるかがカギになります。

たとえばあなたがコーヒー豆の輸入業を営んでいて、「コーヒー豆がほしい。種類には詳しくないが、価格の割に質がよいものがよい」という強い購買意欲のある人がWebサイトに訪れたとします。価格や種類の異なるたくさんのコーヒー豆の産地やブレンドなどから商品を選択する必要があるため、どれを選べばよいか迷うはずです。

このようなケースでは、まずは検索機能や商品を選択しやすいカテゴリ分類を充実させることが必須です。また、店長のおすすめや売れ筋ランキングなどを掲載することで、格段に商品を選びやすくなります。特におすすめ商品のページは、信頼度を上げるためにも、商品説明を手厚くするのが望ましいでしょう。

選択肢の多い商品群の場合は、訪問者が商品を選びやすいように、いかに工夫するかが勝負です。

❸訪問者の関心は高いが、商品知識が乏しい場合

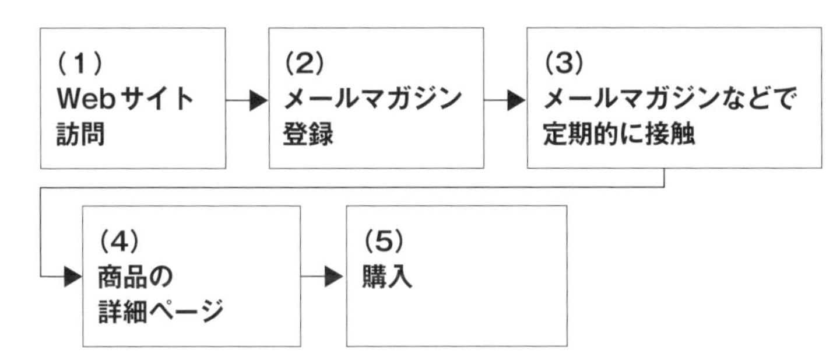

訪問者のほとんどがまったくその商品を購入したことがないような場合。また商品の内容が複雑で詳しい説明を要する場合。とりわけサービスの価格が高額な場合は、商品を購入してもらうまでの工夫が求められます。

たとえばコンサルティングサービス、顧客管理システム導入サービスのように、高額で内容がわかりにくい商品は、サービス内容と具体的にどのようなメリットがあるのかについて、時間をかけて伝えることが必要になります。

そこで、無料の電子小冊子をプレゼントする代わりにメールアドレスを登録してもらうなど、継続的に「見込み訪問者」と関係を深められる設計が望ましいでしょう。

またFacebookやTwitterなどのサービスを利用するのも効果的です。

❹訪問者の関心が低く、商品知識も乏しい場合

集客の
やり直し

あなたのWebサイトの訪問者が、商品に対する関心が低く、知識もほとんどもち合わせていない場合は、残念ですがサイトのつくり方を改善する以前の問題です。

これは集客しているターゲットと取り扱う商品がかみ合っていないことを意味しています。商品そのものを改善または変更するか、購入に結びつく集客法を検討する必要があります。

一見「どうしようもない状態」のように思えますが、この状況に陥っているWebサイトは少なくありません。売上が伸びない原因がサイトのデザインや構成にあると疑い、ひたすらリニューアルや微修正を繰り返すケースです。

成果をあげられない場合は、集客方法に問題があるのか、Webサイトの構成に問題があるのか、早期に原因を究明しましょう。

2

低予算で高品質なWebサイトをつくる方法

Web制作業者に依頼する場合に最も重要なのは「発注する前に用意しなくてはいけないものは何か」「発注する際の適正費用はどのように考える必要があるのか」という点です。いわゆる「丸投げ」は厳禁ですが、必ずしも業者と対等の知識を身につける必要はありません。本章では、業者とやりとりするときのポイントをまとめています。業者を使わずにWebサイトを制作する方法や無料ツールも紹介します。

1 Webサイトの作成・運用に専門業者はどこまで必要か

「知識を借りたいこと」と「業務コストを減らしたいこと」を基準にして、業者を利用するメリットを最大化しよう

◆「業者ナシ」のメリットとデメリットを押さえておこう

「Webサイト作成になるべく費用はかけたくない」というのが多くの会社の本音だと思います。そこで、思い切って業者を利用しなかった場合のメリットをまとめました。料金面以外にも、自社でつくるメリットがたくさんあることに注目して、比較検討する際の目安にしてください。

業者に依頼する場合のメリット一覧

	業者なし	業者あり
Webサイト制作	●Webサイトの制作料金が安い ●最低限必要なレベルのサイトはつくれる	●高品質なWebサイトがつくれる ●Webサイト運営のアドバイスがもらえることもある
コンテンツの更新	●更新費用がまったくかからない	●高品質なページの更新、追加ができる
写真撮影	●費用がかからない ●写真の枚数をいくらでも気にせずWebサイトにのせられる	●高品質な写真がとれる
メールマガジン	●費用がかからない ●自社の商品・サービスや最新情報を反映したメールマガジンをつくれる	●売れる（反応のよい）メールマガジンのノウハウを教えてもらえる
SEO	●費用がかからない ●悪質なリンクによるペナルティの心配が少ない	●競争の激しいキーワードでも上位表示できる可能性がある ●検索エンジン対策のために社内の人間の時間がとられない
Web広告	●Web広告の管理手数料がかからない ●自社の業務知識に熟知した人間が広告を管理できるため、社内のキャンペーン等との連携がとりやすい	●Web広告に熟知しているため、結果的に安く仕上がることがある。 ●広告の管理業務に社内で時間がとられない
ソーシャルメディア運営	●ソーシャルメディアの利用は原則無料なので、費用ゼロでできる ●社内の商品・サービスを熟知した人を担当にするため、ソーシャルメディアとサービスとの内容のズレが少なくなる	●ソーシャルメディアのノウハウを教えてもらえる

■Webサイト制作

「Jimdo」「Wix」「Studio」といったサービスを利用すれば、HTMLなどの専門知識がなくても、無料でホームページをつくることができます（→76ページ）。ブログのように、ログインすれば簡単にコンテンツの追加・更新も可能です（機能が豊富な有料版は、年間1万～3万円程度の費用がかかります）。

ECサイトを運営する場合も、安価で性能のよいショッピングカートレンタルサイトはたくさんあります。

では、わざわざWebサイトの制作業者を利用するメリットはどこにあるのでしょうか？

1つは、ユーザーの細かい要望に対応したサイト制作ができることでしょう。安価なサービスでは、制作できるサイトのレベルに限界があります。本当に質の高いWebサイトをつくろうとすれば、専門業者に頼む必要があるでしょう。

もう1つは検索エンジン対策や、商品の見せ方など、「売れるページ」にするためのWebマーケティングに関するアドバイスを受けられることです。ただしそうしたノウハウがまったくない業者も多いので、注意が必要です。

■コンテンツの更新

Webサイトの定期的な更新、コンテンツの追加を誰が担当するのかは大きな問題です。業者に依頼すればおおよそ1ページあたり3千～3万円程度の費用がかかると考えてよいでしょう。自社で更新ができれば、このコストがなくなるわけです。

またちょっとした更新をするたびに業者と打ち合わせていたのでは、手違いが起こる可能性もあり、かえって手間がかかるというケースもあります。

一方、キャンペーン用などでデザインセンスの高いページを作成したい場合、内製するのはむずかしいでしょう。ちょっとしたプレスリリース用のページなどは自社で、力の入ったページは業者に依頼するといった使い分けができればベストです。

■写真撮影

特に食品や衣料品などを扱うECサイトにとっては、商品写真が命です。余裕があればプロのカメラマンに外注したいところですが、1つの商品ごとに数千円の費用を支払うわけにもいきません。

少人数でECサイトを運用する人は、自分で写真撮影の技術を学ぶことをおすすめします。ECサイト運営者用の写真撮影の参考書が多く出ていますので、光の加減などを調整して練習すれば、十分魅力的な写真が撮れるようになります。

■メールマガジン

メルマガ専門のコンサルタントなどもいますが、基本的に社内の商品情報に熟知している人が作成するべきものです。商品割引、キャンペーンなどとも連動して作成する必要がありますので、すべてを外注するというのは現実的ではありません。必ず社内でノウハウを内製化するようにしましょう。

ただしWeb上で有効な文章術や、メルマガで有効なキャンペーン内容などを相談するのであれば、外部コンサルタントに依頼するのもアリでしょう。

ちなみにメルマガのノウハウを学ぶための一番有効な方法は、同業他社で儲かっているWebサイトのメルマガに登録して勉強することです。

■SEO

SEO(検索エンジン対策)を業者に任せるべきかどうかの判断はむずかしいところです。業種や商品によっては、社内できちんと勉強すればある程度の技術は習得可能です（→3章)。

一方で、競争が非常に激しいキーワードを、ちょっと知識を身につけただけの素人が上位表示させるのはむずかしいといえます。内容のしっかりしたコンテンツをWebサイトに増やしていけば、多くの競争の少ないキーワードでアクセスを集めることもできますので、まずは社内で可能かどうか検討してみましょう。

SEO業者の多くは、被リンクを貼り付けることで上位表示を達成することが多いのですが、業者の貼り付けたリンクによって、あなたのサイトが検索エンジンからペナルティを受ける可能性もあるので注意が必要です（→104ページ）。

■Web広告

現在、効果の高いWeb広告は、「Yahoo!プロモーション広告」や、「Google広告」によるリスティング広告です。リスティング広告の設定は、広告を出せば終わりというわけではなく、広告の内容やキーワードなど細かなチューニングを定期的に行なう必要があり、ある程度専門的な技術を要する分野でもあります。

実際に運用の方法次第で、同じキーワードで広告を出しても5倍以上広告費に開きがでることもあるため、広告の運用代行業者に作業を依頼するのもひとつの方法です。

どちらにしてもGoogleやYahoo!にお金を払わなければならないため、業者にある程度料金が上乗せになっても負担感がそこまで多くないという側面があります。一般的には、リスティング広告の管理業者の管理費用は、広告額の20％程度のところが多くなっています。業者に任せることで、20％以上のパフォーマンスが上がるのであれば、検討に値します。

ただし、パフォーマンスを上げるためには、リスティング広告のシステム上の知識だけでは不十分で、あなたの業界の商品、顧客などの一定水準の業務知識が必要になります。

最近では、GoogleやYahoo!自体がサポートを充実させており、担当者が広告出稿のアドバイスを頻繁にしてくれるようになりましたので、それらを活用するのも有効です。

■ソーシャルメディア運営

ソーシャルメディアは、定期的に情報を発信し続ける必要があるほか、基本的に社内の人間が発信してはじめて意味があるものなので、すべて外注というのは想定しにくいでしょう。仮にソーシャルメディアを熟知した会社にTwitterやInstagramのアカウント運営などの代行依頼をするにしても、必ず社内との意識合わせや情報のやり取りを綿密に行なう必要があり、必ずしも作業が楽になるということではありません。
ソーシャルメディアは基本的に時間がとられるものです。競合でソーシャルメディアを活用している会社があれば手法を研究しましょう。競合で活用してる企業がいなければ、あなたの業種は、TwitterやInstagramがあまり向かないということも考えられます。

——以上をまとめると、業者に依頼するメリットは「知識を借りること」と「業務コストが減ること」だといえます。
自分の努力次第でカバーできることと、ぜひ業者を利用したいことをしっかりと区別し、本当に必要な部分だけを依頼するようにしましょう。

2 あなたの会社に適した Webサイト制作業者の見極め方

総合業者・専門業者・フリーランスの特徴を踏まえて、作業ごとに振り分けて依頼しよう

今やWebサイト制作は、数えきれないくらい多くの企業が対応できるようになりましたので、適切な業者を選ぶのは困難です。

そこで、さまざまな依頼に対応できる「Web総合業者」、Webの制作に特化している「Webサイト制作専門業者」、個人でWebサイトをつくってくれる「フリーランス」の3つに分けて、その判断基準を解説します。

担当者や会社ごとに大きく異なるため一概には言えませんが、業者の種類による比較表は次のとおりです。それぞれの特徴を押さえて依頼するようにしましょう。

Webサイト開設後の作業と重要度一覧表 ★の数が多いほど効果は高くなります

	デザイン・品質	企画力	マーケティング	料金（安さ）	柔軟性
Web総合業者	★★★	★★★	★★★	★	★★
Webサイト制作専門業者	★★★	★★	★★	★★	★★
フリーランス	★★	★★	★★	★★★	★★★

①Web総合業者

Web総合業者とは、Webサイトの制作だけでなく、SEOやリスティング広告の管理などマーケティングに関するサービス、Facebookなどのソーシャルメディアのページ作成、制作後の運用から高度なシステムの開発までさまざまなサービスに対応できる業者です。

オールインワンで依頼できるため大変便利ですが、会社の規模も大きくなるため料金は格安とはいえません。

「Webサイト制作は得意だが、SEOは不得意」、「SEOやリスティングなどマーケティングノウハウは豊富だが、Webデザインは苦手」などそれぞれ得意分野が異なるため、事前に確認が必要です。面倒なので１社に任せたくなりますが、それぞれの得意分野を見極めて任せたほうがリスクは軽減できます。

Webサイトの制作時点からその後の運用やマーケティングを見据えたアドバイスがもらえるのは魅力的です。

②Webサイト制作専門業者

質の高いページをつくってもらえますが、集客などマーケティングには疎い業者が多いようです。

美容院や雑貨、雑誌媒体などデザインセンスのよいサイト制作が得意な会社もあれば、税理士事務所や医院などかっちりとした信頼性が重視されるサイトのデザインやコンテンツ制作が得意な業者もあります。制作実績を出してもらい、イメージに近いWebサイトの制作実績がある業者を選ぶとよいでしょう。

③フリーランス

Webページの制作を請け負っている個人の場合、比較的制作料は安価であるケースが多くなっています。

能力は個々人によって大きく左右されますので、価格が安いからといってクオリティが低いとは限りません。良好な関係が築ければ、ちょっとしたコンテンツの修正など細かなお願いに追加料金なしで応えてくれるなどのメリットもあります。

一方で、実力があり依頼が殺到しているような人だと、なかなか連絡がとれないなど特有の問題があります。

Web制作を依頼するフリーランスを探すときには、クラウドソーシングを使うのも効果的です。事前に実績や評判などを見ることもできるのでWeb上だけでのやり取りでも、リスクを減らして発注することができます。クラウドソーシングについては詳しく後述します。

3 業者へ依頼するときに役立つ「目的別」の適正費用一覧

価格の目安をつかみ、自社に必要になりそうな費用総額を割り出してみよう

小規模な会社がWebサイトを制作するにあたって適正な費用とはいくらなのか。あくまで参考値ですが、Webの制作・運用に関連する目的別の適正価格をまとめてみました。

Webサイト制作・運用にかかる費用一覧

Webサイト制作費用	●専門業者に依頼　10万～70万円 ●月数回の更新込みの管理費用　月3000～10,000円
	●格安のWebサイト作成ツール利用時　無料～年11,340円（jimdo等利用）
サーバ、ドメイン利用料	●サーバ、ドメインを自社で用意する場合 サーバ代、月500～20,000円 ドメイン代、年980～6,000円
ECサイト運営費用	●レンタルショッピングカートのシステム利用時 無料～20,000円程度
	●オリジナルでショッピングサイトのシステムをつくる場合 100万円～青天井
メールマガジン運用システム	月1,000～3,000円 ECサイトの場合は、ショッピングカートのシステムに込み
検索エンジン対策（SEO）費用	費用算出不可能
リスティング広告費用	月10,000～100,000円 業者に依頼する場合は、広告費の2割程度が管理業者の手数料
SNSアカウントのデザイン費用	●ヘッダー画像のデザインなどをつくる場合 5,000～30,000円
Webサイト用の写真撮影	●人物画像の場合　1,000円～ ●商品画像の場合　1商品につき、300～3,000円
Webコンサルティング費用	●Webコンサルティング費用　月200,000円～

Web関連の価格は数年前と比べてずいぶん下がってきました。基本的には「安かろう悪かろう」の傾向がありますが、高くて質の悪い業者もいますし、安くて質の高い業者や個人クリエイターがいるのも事実です。

■Webサイト制作費用

費用は実に「ピンキリ」で、10万円前後でかなりおしゃれな完成度の高いサイトをつくる業者や、初期は無料に近い形でサービスするケースもあります。初期が安い業者は、更新費用が高めに設定されていることがあります。そのため、更新は自社でできるのか、業者に任せるのかはきちんと初期段階で確認しておきましょう。

「月々の管理費用+月３回までの更新付」などパッケージプランを用意している場合もあります。自社での更新作業が面倒な場合は、このようなプランの利用を考えてもよいでしょう。

ただ、外部業者へ委託すると、結局は更新するための記事を自分たちでつくらなくてはいけなかったり、急を要したときの対応が遅かったり、更新指示のやりとりが面倒だったりと、全体として小回りの利かない部分が目立ちます。

これらの問題を解決するためには、「WordPress」のように自前で更新できるシステムを利用するのがよいでしょう。初期費用は若干高くなりますが、簡単な更新ならすべて自社内ででき、デザインや機能も柔軟にカスタマイズできます。

筆者がおすすめするのは、ドメインやサーバは自社で契約し、サイト制作だけWordPressなどを利用して業者につくってもらうパターンです。更新作業にかかる費用が抑えられる利点があります。

■サーバ、ドメイン利用料

サーバとドメインの契約を業者に任さず自社で契約すると、十中八九予算を抑えることが可能です。レンタルサーバ会社と契約したら、その情報をWebサイトの制作会社に教えてサイトをつくってもらうのです。ただし、トラブル時の対応などがレンタルサーバ会社任せになるというリスクは付きまといます。

料金はサーバの質にもよるのですが、複数の会社が一緒に使っている共用サーバであれば、月500～2,000円くらいで十分な性能のものを準備できます。自社のサイトによほどアクセスが多くない限りは、この共用サーバのプランで十分でしょう。

セキュリティが心配という方は専用サーバを借りるという選択肢

もありますが、月１万円程度は必要です。小さな会社がはじめてWebサイトの運用をするときには、ここまでのものは必要ないでしょう。

ちなみに、Web制作会社がサーバごと契約管理してくれるケースもありますが、ほとんどの場合は共用サーバを利用しています。

■ECサイト運営費用

①レンタルショッピングカートを利用する場合

ECサイトの運営は最近ではとても敷居が低くなっており、無料で使えるショッピングカートシステムも登場しています。

決済方法の数、登録可能な商品点数、クーポンシステムなど、機能が高度になるにつれて価格が上がるケースが多くなっています。

小さな会社がECサイトを始める場合は、月2,000～5,000円くらいのシステムを利用すれば充分なことがほとんどです。

②オリジナルでショッピングサイトのシステムをつくる場合

自社でECサイトのシステムを独自につくろうとすると、かなり高額な費用がかかります。機能を改善するごとに追加で高額な費用が発生するので、よほどのことがない限りはおすすめできません。

■メールマガジン運用システム

メールマガジンの配信やステップメール（→180ページ）を作成したい場合、配信システムを契約する必要があります。メールマガジンのみの機能で月1,000円程度、ステップメールの機能も追加すると月3,000～6,000円程度の予算で可能です。

「まぐまぐ」などの無料メルマガスタンドを利用すれば０円で可能ですが、メール本文に広告が含まれるため、ビジネスに利用するメールマガジンのシステムとしては向かないといえます。

また、ショッピングカートを契約していれば、ほとんどの場合メールの一斉送信機能がついているので、メルマガシステムを別途契約する必要はありません。

■検索エンジン対策（SEO）費用

もっとも費用の目安をつけにくいのがSEOで、月々の金額が決まっているケースから、キーワードが10位以内に入ったら料金が支払われるなどの「成果報酬型」までさまざまです。具体的な費用も、月１万円以下〜月100万円以上のものまであります。

さらにサービス内容に関しても、Webサイトのソースコードに手を入れる「内部施策型」から、外部のリンクを貼り付ける「外部施策型」、アクセスが集まりやすいコンテンツの書き方を指導するタイプ、それらを組み合わせたもの……など千差万別です。

したがってSEOは、業者に任せる明確な効果が予測しにくいため、まずは専門書などで勉強し、ある程度の知識を得た上で、限界を感じる部分を業者の力をつかって対応していくとよいでしょう。

外部リンクの力で上位表示を狙うと、Googleからペナルティを受ける恐れがあるため、なるべくなら良質のコンテンツを増やしてアクセスを集めるようにした方がよいでしょう。

■リスティング広告費用

よい商品やコンテンツを用意しても、アクセスがないことには売上につながりません。SEOでたくさんのアクセスが集まればよいのですが、初期段階では検索で上位表示される可能性は低く、リスティング広告でアクセスを集める必要があります。

広告が利益に直結するならどこまででも費用を増やしてよいでしょうが、そう簡単にはいきません。まずは試験的に１万〜10万円程度の予算で、売上や問合せ数の増加ペースを測っていくのが現実的です。

リスティング広告の設定を専門業者に依頼する場合は、一般的に広告額の２割程度の管理費用がかかりますが、さまざまなWebコンサルティングに関するアドバイスをしてくれる業者が多く、十分にペイできる結果が期待できます。

■SNSアカウントのデザイン費用

TwitterやInstagramなどSNSアカウント自体は無料で作成でき

ますが、ヘッダーの画像やアイコンなどにこだわって業者に依頼する場合、5,000～３万円程度のデザイン費用がかかります。

ピンポイントでの発注になるので、後述のクラウドソーシングで依頼するのもおすすめです。また、SNSの運用方針などに悩む場合は、運用代行やアドバイスをしてくれる業者も存在します。

ただ、実際は中小企業でSNSの運用を成功させている会社の多くは、自社運用のケースがほとんどです。

■Webサイト用の写真撮影

写真はWebサイトのデザインセンスを決める重要な要素の１つです。ネットショップにおける商品写真は生命線ですし、企業の代表挨拶ページでも、代表やオフィスの内装写真が素人によるものだと、一気にチープな印象になって信頼度が下がります。

人物写真は必ずプロの写真家に撮影してもらいましょう。１万～３万円くらいの予算で考えておけば、かなり見映えのよい写真をとってもらえるはずです。

ネットショップの商品写真は、自前で勉強して写真技術を高めるべきではありますが、最初の頃はプロのスタジオに依頼することも検討しましょう。低価格で質の高いスタジオでは、１商品300円程度から対応してもらえます。

■Webコンサルティング費用

ホームページの制作、管理、毎月の広告や、SEOなどWeb全般に不安がある場合は、Webコンサルタントを利用するのも１つの方法ですが、月数十万円の報酬を求めるコンサルタントもいれば、月数万円で対応してくれるケースもあります。

一歩間違うと巨額の費用が発生してしまうため、数万円のコンサルタント費用から始めるのが無難です。

Web制作、SEO、リスティング広告などの専門業者が、コンサルティングできるだけの知識をもっている場合もあるので、専門業者に依頼する際は、疑問点をまとめて聞いてみるとよいでしょう。

4 業者を決める際のポイントと相見積もりに使えるチェックシート

「売上につながる施策」を
いっしょに考えてくれる業者に依頼しよう

◆デザイン力やシステムの知識で業者を選ばない

依頼すべきは、デザイン力やシステム技術力の高い業者ではありません。「最も問合せが増えやすいコンテンツ構成」「お客様が買いたくなる文章やキャッチコピーの書き方」……。

つまり売上につながる施策は何なのかという視点で制作を進め、アドバイスをくれる業者です。

おしゃれなWebサイトをつくることができる業者や、高度な技術をもつ業者はかなりの数があります。過去の実績を見せてもらい、その中に気に入ったデザインがあれば、予算が許す限りほぼ同水準のWebサイトができ上がることは間違いありません。

ただし極端な話、「売上につなげる」という意識のない業者ですと、コンテンツの構成から、文章やキャッチコピーの書き方、集客施策やSEO対策まですべてあなたの会社で考えなくてはならなくなります。結果的に世の中には、デザインセンスがよく、お客様がほとんど集まらないまま放置されたWebサイトが量産されているのです。

◆相見積もりに使えるチェックシート

若干いやらしいのですが、複数の業者から見積もりを取る場合は、次ページのチェックシートを利用してください。

マーケティングのノウハウをまったくもっていない業者には決して依頼しないよう注意してください。

相見積もりをとるときのチェックシート

- □ 自社で用意する必要があるものは何か？
- □ サイト完成後、毎月かかる費用はいくらか？
- □ 更新作業は自社で行なうことができるか？
- □ 更新作業を業者が行なう場合、何回まで対応してくれるか？
- □ それはどのくらいのスピードで対応してくれるか？
- □ それはどの程度の作業まで定額の範囲内で対応してくれるか？
- □ それはどの程度の作業から追加費用が発生するか？
- □ 制作時にコンテンツ作成やキャッチコピーなどマーケティングのアドバイスをもらえるか？
- □ 検索エンジン対策（SEO）の施されたサイトをつくってくれるか？
- □ 更新契約を解除した際、サーバやコンテンツの移管には対応してくれるか？　対応するとしたら費用はいくらか？

業者に依頼する際に用意しておくもの

①Webサイトの目的

ブランディングのためのサイト、会社主催のセミナーに呼び込むためのサイト、ECサイトなど、目的をハッキリと伝えましょう。

とくに、Webサイトの訪問者に最初にどんなアクションをとってほしいのかを明確にすることが重要です。問合せやメールマガジンの登録など、なるべく期待するアクションを1つにしぼって伝えましょう。デザインばかりが美しく、何のためにあるのかわからないWebサイトにならないようにしましょう。

②コンテンツの構成

サイト全体をどんな構成にするか、コンテンツは何か、またどのような画面イメージか、他社サイトなどを参考にイメージをつくっておきましょう。構成案やコンテンツのリストをつくっておくと、業者との打合せがスムーズに進みます。業者に「丸投げ」すると、会社の特徴がとらえきれない魅力のないサイトになります。

③コンテンツの文章

文章の手直しや提案を行なう業者もありますが、基本的にコンテンツの文章の原案は自分たちでつくる必要があります。文章に自信がない場合は、コンテンツ制作を請け負う業者をあたるか、Web系ライターの力を借りるのもよいでしょう。

④会社のロゴデータや各種写真

オフィスの内観、代表の近影、取り扱う商品の写真などは、当然自社で用意します。業者におしゃれなデザインを用意してもらっても、写真のセンスが悪いと台無しになることがあります。

一切自社の写真を使わないのも1つの手ですが、サイトの信頼性にかかわるので、プロのカメラマンに依頼するなど、しっかりとした写真を用意することをおすすめします。

5 業者を利用せずにWebサイトを制作する方法とその注意点

Webサイト作成ソフトは使わず CMSやブログを活用しよう

◆ 更新に手間のかかるソフトは使わない

基本的にWebサイト作成ソフトでつくったサイトは更新に手間がかかります。また、つくった本人しかカスタマイズできなくなってしまうことが多く、担当者が変更になった場合などに混乱が生じやすくなりますので、作成ソフトの利用はおすすめできません。

◆ 勉強する余裕があればCMSを使う

Webサイト制作に関してきちんと勉強する覚悟がある方や、元々ある程度プログラミングの知識がある方は、ぜひとも後述するCMS（コンテンツマネジメントシステム）の利用をおすすめします。

CMSを使いこなすと、好みのデザインで一流企業の仕様にも匹敵するサイトをつくることができます。HTMLなどの知識がなくても、ブログのようにどこからでも誰にでもコンテンツを更新できる点も魅力的です。有名なものに、WordPressがあります。

◆ 無料ブログや無料ホームページサービスを使う

技術力に自信がなければ、無料のブログサービスや無料ホームページサービスを利用しましょう。

ブログなんて…と思われるかもしれませんが、SEO対策や更新の手間などが考慮されていない中途半端なWebサイトを業者に依頼するくらいなら、無料ブログを利用する方が、更新が簡単で検索エンジンにも引っかかりやすく、はるかに会社の役に立ちます。最近は「note」というブログサービスを使う企業も増えています。

無料でWebページを作成できる「Jimdo」「Wix」「Studio」

今までに何度か名前を出してきましたが、中小企業のWeb制作ツールとして筆者がおすすめするツールの1つが「Jimdo」というサービスです。無料とは思えない完成度で企業向けWebサイトをつくることができます。

いわゆる会社案内を掲載する目的だったり、税理士や司法書士事務所、小規模な内科医、歯科医などの開業医のホームページ作成用であればJimdoで十分、といえるほどクオリティが高いのです。

最初からテンプレートも豊富に用意されており、デザインを選びつつブログ記事を追加更新するようにコンテンツを埋めていけば、企業サイトやECサイトが完成します。さらに自動でスマートフォンの表示にも対応します。

テンプレートの画像だけでは物足りない場合は、画像部分だけをデザイナーに依頼すればよいわけですから、徹底的にコストを抑えたサイト制作が可能です。どのようなWebサイトをつくるか、どの業者に発注するか悩んだ場合は、まずはJimdoでWebサイトをつくってみるとよいでしょう。どの作業をプロに依頼すべきか、自社サイトにどんなコンテンツ構成や技術が必要なのかなどが見えてくるはずです。

Webサイト自体の制作は低コストですませて、マーケティングや更新作業、商品の改良などに時間とお金を使いましょう。

https://www.jimdo.com/jp/

同様のサービスで「Wix」「Studio」などもおすすめです。それぞれ無料から利用できるので、デザインテンプレートが好みのものや、軽く触ってみて一番しっくりするサービスに決めるのも賢い選択です。

機能・デザインの自由度が高いCMS

CMSの特徴

●ブログのように誰でもどこからでも更新できる
●アクセス解析の設置、「おすすめ記事」の自動表示、
問合せフォームの追加など簡単なカスタマイズが可能

jimdo等より自由度が高く、自社で更新できるWebサイトにしたい場合は、前述のWordPressというCMSを利用するとよいでしょう。
素人が扱うにはハードルが高いシステムなので、外部業者に依頼して30万～80万円くらいの費用を見積もっておく必要がありますが、完成後の更新のしやすさや機能の柔軟性を考えると十分ペイできる便利さがあります。

WordPressについては、かなりの数の参考書が出ていますし、Web上でも多くの情報が公開されています。ぜひ候補の1つに入れてみてください。

6 クラウドソーシングを使う

インターネット上で業務の発注と成果の受け取りが完了するクラウドソーシング

◆ローコスト、ローリスクで外注が可能

近年、事業環境の激しい変化や業務の高度化が進んでおり、社内のリソースだけで事業をすすめることが難しいケースが増えてきています。しかし、業者に発注すると費用がかかり過ぎる、どのような会社に頼めばよいのかわからない、といった問題もあります。

そんなときに、ぜひ活用してほしいのがクラウドソーシングサービスです。クラウドソーシングとは、インターネット上で仕事を依頼できるサービスです。子育てや介護のために離職中の人が登録したり、近年の副業解禁の流れによって登録者も増えてきています。低価格で、ロゴデザイン、キャッチコピー、バナーの作成、文章の執筆、インタビュー音源の文字起こしなど、さまざまな仕事をスポットでお願いすることができます。

場合によっては、一般の業者に頼むケースの数分の１程度の金額で、ほぼ同じクオリティの仕事をしてもらえることもあります。気になるのは、インターネット上でのやりとりに限られるため、対面での打合せが難しいという点です。クリエイターも多くは匿名（ニックネーム）です。逆に、だからこそ低価格での仕事が可能でもあるので、そこは一長一短といえるでしょう。

◆クラウドソーシングの具体的な活用方法

たとえば、あなたの会社のロゴデザインが何十年も変わっておらず、そろそろ新しいものに変えたいとします。

プロのデザイナーを指名して依頼をしたとしても相性が悪いと、

いまひとつ気に入らないデザインになってしまうこともあります。しかし、クラウドソーシングでは「コンペ形式」で仕事を発注するため、そういったリスクを回避できます。

ロゴのイメージや要望を伝えてコンペを実施すると、沢山のデザイナーが実際にデザインしたロゴを提案してくれます。あとは、そのなかから気に入ったロゴを選択すればOKです。

支払いについても、選ばれたクリエイターにだけ行なうことになります。相場としては、1万～3万円程度でかなりの数の提案が来るでしょう。従来、このようなコンペはクラウドソーシングができるまでは最低でも数十万～数百万円の予算がないと実施ができないものだったので、多くの予算を避けない中小企業にとっては嬉しい環境変化です。

同じように、キャンペーンのバナーを作成してもらったり、社長やスタッフ、クライアントにインタビューした録音データを文字起こししてWebコンテンツにしてもらったりと、Webコンテンツの拡充にも利用できます。

ほかには、ホームページの作成やリニューアル自体を丸々発注することも可能です。翻訳できる人に依頼して、海外向けのホームページコンテンツを作ってもらうこともできます。国内のクラウドソーシングサービスでは、ランサーズとクラウドワークスの2社が最大手で、広範囲の業務に対応しています。海外のクリエイターに発注したい場合はUpworkが最大手です。

また、Web上のやりとりで完結する業務だけでなく、出張写真撮影のマッチングといったサービスもあります。プロやセミプロのカメラマンがたくさん登録しており、地域や実績、料金などから好みのカメラマンを選んで、撮影を依頼することができます。写真撮影に強いマッチングサービスとしては、OurPhotoやFOTORIAなどがおすすめです。

これらのサイトは、登録しているワーカーの実績の写真や利用者の口コミなどが掲載されているため、過去の実績や撮影例などを見ながら自社のサービス・商品と相性がよい人かどうかを見極めることも可能です。

◆募集型と依頼型を使い分ける

クラウドワークスやランサーズは「募集型」のクラウドソーシングで、主に企業側が「このような作業をこのような金額でやってくれる人はいませんか」と募集をかけることで、仕事をしたい登録者からメッセージが届くしくみです。つまり、タイミングや依頼内容によっては、満足のいくレベルや相性のよい募集者が現れない場合もあります。

それに対して、「依頼型」のクラウドソーシングとして有名なのがココナラというサービスです。ココナラは、一言でいうと無形サービスのネットショップです。イラストを書いたり、Webサイトを作成したり、マーケットリサーチをしたりといった、それぞれの人達が得意とする無形のスキルがネットショップのように販売されています。ココナラの場合は、「募集型」とは逆に、自分が発注したいジャンルでフリーマーケットのように出品されている登録者のスキルを探していき、その人の実績や口コミ、料金などを比較しながら最もよさそうな人に発注をかけるというしくみです。

当然、スキルレベルが高い登録者や人気のある登録者は、作業が順番待ちになっていたり、価格が高めになっていたりする傾向があります。

目的に合った登録者を探す手間がかかりますが、「募集型」にくらべてピッタリの実績をもった人を指名しやすいとう特徴があります。

「依頼型」で海外のクリエイターを探したい場合はFiverrが最大手のサービスになります。

クラウドソーシングを利用する場合は、状況によって「依頼型」と「募集型」を使い分けること、場合によっては両方を併用してうまく仕事を発注していくことをおすすめします。

これらのサービスは、もちろんWebだけでなく、パンフレットや、FAXDMのデザイン、文章などをつくってもらうなど他の業務にも活用できます。予算の壁で販促媒体に力を入れられない広報担当者は、ぜひ活用されることをおすすめします。

クラウドソーシングサービス例

名称	特徴	
クラウドワークス	総合・募集型	国内最大級の募集型クラウドソーシングサービス。あらゆるジャンルの仕事に対応している。
ランサーズ	総合・募集型	国内最大級の募集型クラウドソーシングサービス。あらゆるジャンルの仕事に対応している。
Upwork	総合・募集型（海外）	世界最大級のクラウドソーシングサービス。海外のクリエイターに発注するのに最適。
ココナラ	総合・依頼型	国内最大級の依頼型クラウドソーシングサービス。ランキングや実績、口コミなどから、人気であったりスキルがぴったりな業者を探すしくみが充実している。
Fiverr	総合・依頼型（海外）	世界最大級の依頼型クラウドソーシングサービス。
Skets	商品企画特化	一緒に商品企画を行なうプロフェッショナルを見つけるケースから、コミュニティをつくって企業のテーマに対して、登録者からアイデアを募るような形などがある。
ラクスル	チラシなど 印刷物特化	チラシや名刺など印刷物を、適切な印刷工場とマッチングする。こちらから発注工場は選べず、ラクスルが適宜業者を選択して取りもつ。
Shinobiライティング	ライティング特化	ライティング業務に特化した募集型クラウドソーシングサービス。
Gengo	翻訳特化	翻訳に特化したクラウドソーシングサービス。70以上の言語翻訳をプロが行なう。ECサイトの翻訳に最適。
99designs	デザイン特化（海外）	デザイン領域に特化した世界最大級のクラウドソーシングサービス。
OurPhoto	写真撮影特化	出張写真撮影に特化したクラウドソーシングサービス。写真家を選択して依頼する依頼型。
FOTORIA	写真撮影特化	出張写真撮影に特化したクラウドソーシングサービス。写真家を選択して依頼する依頼型。
SKIMA	イラスト特化	イラストに特化した依頼型のクラウドソーシングサービス。特にアニメ調のイラストを提供するクリエイターが多い。

3

集客に不可欠な検索エンジン対策（SEO）の基本

Webサイトの運営にSEOは欠かせません。会社名や商品名は、最低限検索エンジンで上位に表示される必要があります。また小さな会社でも、さまざまなキーワードで地道にアクセスを集める方法を身につけることが、成功への近道になります。本章では、競争が少なく、自社の強みと訪問者のニーズに合ったキーワードを選ぶためのポイントや、検索エンジンに「好かれる」ための方法を押さえましょう。

利益につなげるための SEOの取り組み方

コンテンツを充実させる「内部施策」と、リンクを集める「外部施策」でGoogleエンジンに最適化させよう

◆SEO=Google対策

企業のWebサイトがアクセスを集めるための方法として、近年はTwitterやInstagramなどのソーシャルメディアが注目されていますが、主流はまだまだSEO（検索エンジン対策）です。そして現在、SEOとは、そのままGoogle対策であるといえる状況にあります。

SEOは、自社で取り組む限り費用はかかりません。一度上位表示されれば継続的にお客様を運んできてくれます。非常に重要な集客方法で、取り組まない理由はありません。

少なくともあなたの会社名やオリジナル商品名が上位に表示されなくては話になりませんので、最低限のSEO対策はどの会社でも必要になるといえます。

現在の日本の検索エンジン市場は、Googleが76%、Yahoo!が約16%のシェアを握っているといわれます。この２大巨頭だけでシェアの90%以上を占めるわけですから、事実上、国内におけるSEOとはGoogleとYahoo!で上位表示を目指すことにほかなりません。

さらに、2010年12月からYahoo! JapanはGoogle社の検索エンジンシステムをほぼそのまま採用することを決め、現在Yahoo!の検索結果は、ほとんどGoogleと同じ結果になっています。

Googleのアルゴリズムに対応することで自動的にYahoo!での検索順位も上がる、というのが日本の現時点での検索エンジン事情なのです。

つまりSEO=Google対策といえる状況になっているため、本章ではGoogle対策を前提に話を進めていきます。

◆SEOは内部施策と外部施策に分かれる

大きく分ければ、SEOでやれることは2つしかありません。

1つは、検索エンジンに好まれるWebサイトの構成やコンテンツなど、中身を最適化する「内部施策」です。検索エンジンは、特定の文章構成やソースコード（HTML）などを好む傾向があるため、それにあわせてサイトのソースコードや文章そのものに手を入れていくことを意味します。

もう1つは、自社のWebサイトにリンクを集める「外部施策」です。面白い記事や多くの人に役立ちそうな記事にリンクが張られているのを見たことがあるでしょう。

Googleは、リンクを「人気投票」のイメージで捉えています。つまりGoogleは、「多数のリンクが張られていたり、有名サイトからリンクを張られているサイトは素晴らしいはずだから他のサイトよりも上位表示させよう」と判断するのです。また近年では、リンクに限らず商品名や会社名などのブランドがWebサイトやSNS上で取り上げられている場合も、評価が上がるとされています。基本的にはとてもシンプルな構造だといえます。

2 検索で上位表示させるキーワードはどう決めるべきなのか?

知人への聞き込み、競合の調査、専門ツールやWeb広告などあらゆる手段を実践しよう

◆狙った客層に「届く」ワードを選ぶ

小さな会社のSEOでもっとも重要なのは、検索キーワードの選び方です。上位表示させるための技術的なノウハウをどれだけもっていても、「売上につながる検索キーワード」で上位表示されない限り何の意味もないからです。

たとえばあなたが布団販売のECサイトを運営していて、たまたまサイト内のブログで芸能スキャンダル関連の記事を書いたとします。このスキャンダル関連の情報を探している人たちからアクセスがたくさんありましたが、さて布団の売上につながったでしょうか?つながる訳がありませんよね。

もう少し現実的な例として、あなたの会社が業務改善コンサルタントサービスのサイトを運営しているとしましょう。まずは見込みのお客様を集めるために、参加費5,000円のビジネスセミナーページを開設して、参加者を募りました。

まずは検索者が多く集まりそうな「無料セミナー」「格安セミナー」など、ビジネス系のセミナーを探している人が反応しやすそうなワードで上位表示を達成しました。しかし、参加者がほとんど集まりません。その理由は、これらの検索キーワードは無料か極端に安いセミナーを探している人が反応するものだからです。参加費5,000円のセミナーに参加する客層には届かないワードだったのです。

自社商品とマッチするキーワードを見つけられるかが、1つの大きな課題になります。

◆「レッドオーシャン」状態のキーワードは選ばない

もう1つ注意すべき点は、「絶対に上位表示ができない」場合があるということです。

たとえばあなたが保険の販売代理店を運営し、「生命保険」というキーワードで上位表示を狙おうと考えたとします。「生命保険」というキーワードは、大手保険会社が上位にひしめく超難関キーワードです。小規模な会社がどんなにがんばっても、被リンクの質や数、Webサイト全体のボリュームやコンテンツの質で勝てる見込みはほとんどありません。

小さな保険代理店は、「地域名+保険相談」、各種保険の悩み事に関するキーワードなどで地道にアクセスを集めていくのが有効です。

◆誰でも簡単にできるキーワードの選び方

いきなり適切なキーワードを選ぶのはむずかしいので、ここでは誰にでも簡単にできるポイントを解説します。

キーワードを選ぶためのポイントはたったの4つです。

①自分や知人がどんなキーワードで調べるか試したり聞いたりする
②競合会社のWebサイトから情報を得る
③Google広告のキーワードツールを使う
④リスティング広告で実際に試してみる

①自分や知人がどんなキーワードで調べるか試したり聞いたりする

まずは自社の商品を探す可能性のあるお客様が、どのように検索エンジンのキーワードを打ち込むのかを想像してみましょう。さらに社員や友人、配偶者や親戚などに、実際に検索するならどんなキーワードを入れるか聞き込み調査します。考えるよりも、まずはやってみるのです。

どんなキーワードであっても、思いついたものや聞いたものをどんどんメモしていきましょう。

②競合会社のWebサイトから情報を得る

身もふたもない方法ですが、繁盛している競合サイトにはどんなキーワードが埋め込まれているのか調べてみると、上位表示を狙っているキーワードが一目瞭然です。すでに実績のあるWebサイトが重視するキーワードということは、売上に直結するキーワードの可能性が極めて高いと考えられます。後の項目でも触れますが、上位表示を狙うキーワードは十中八九「タイトルタグ」のなかに含まれています。

そのほかページ内のコンテンツに何度も出てくるキーワードも要チェックです。トップページだけでなく、そのWebサイトの隅々まで見て、何度も出てくるキーワードを調べ尽くしましょう。

③Google広告のキーワードプランナーを使う

キーワード探しに迷った場合はGoogle広告キーワードプランナーが大変便利です。

Google広告キーワードプランナーの画面を表示後、「新しいキーワード」を選択し、「ビジネスに関連している商品やサービスを入力します」の欄に自社商品に該当するキーワードを入力、「結果を表示」ボタンをクリックすると、関連性の高いキーワードと詳細な情報が一挙にリスト表示されます。

■Google広告のキーワードプランナー

他1個　フィルタを追加　1,243 個のキーワード候補を使用できます　　表示項目

キーワード（関連性の高い順）	月間平均検索ボリューム	3 か月の推移	前年比の推移	競合性	広告インプレッ	ページ上部に掲	ページ上部に掲
マーケティング	60,500	+22%	0%	低	–	¥43	¥380
キーワード候補							
マーケティング とは	49,500	+22%	+22%	低	–	¥6	¥122
3c 分析	27,100	0%	0%	低	–	¥9	¥305
web マーケティング	14,800	0%	-18%	中	–	¥206	¥746
ペルソナ とは	22,200	+22%	+50%	低	–	¥6	¥22
デジタル マーケティング	12,100	0%	0%	中	–	¥230	¥709
stp 分析	6,600	+50%	0%	低	–	¥73	¥1,248
sns マーケティング	12,100	-18%	0%	中	–	¥161	¥629
ネット マーケティング	3,600	-64%	-33%	低	–	¥167	¥746
コンテンツ マーケティング	6,600	0%	-33%	中	–	¥291	¥1,414

Webサイトのから関連ワードを割り出す機能もあり、かなり便利です。②で紹介したように、繁盛している競合サイトのURLを打ち込んで調べれば、関連するキーワードが大量に表示されるので、調査がしやすくなります。

④リスティング広告で実際に試してみる

リスティング広告については5章で詳しく取り上げますが、つまりはキーワードを指定してGoogleやYahoo!の「検索結果のページ」に広告を出す方法です。設定が済めば、当日からでも反映させることができます。

SEOは上位に表示されるまで簡単なキーワードで数日、むずかしいキーワードだと数か月単位の時間がかかります。まずはリスティング広告でさまざまなキーワードに広告を出し、どのキーワードが商品・サービスの売上や問合せにつながるのかをテストするのが、最も効率的に効果を出す方法といえるでしょう。

テストのための費用はかかりますが、上位表示させた場合のアクセス数の予測が立てられますし、時間をお金で買うと思えば安いものです。苦労してSEOで上位表示を達成したのに全然アクセスがない、全然売れないというリスクが大きく減るので、ある程度予算をかけてテストすることを強くおすすめします。

◆勝てるレベルまで競争率を下げてキーワードを選ぶ

ここまでの内容で、どのようなキーワードを選択すれば自社の利益につながるのか、理論的にはわかってきたのではないでしょうか。

次に考えるべきは、あなたの会社がもっている資源で果たして上位表示が可能なのかという技術上の問題です。

「これなら売れる」と思ったキーワードで検索した結果が、レベルの高いサイトだらけだったり、誰もが知っている有名企業がひしめく状態であれば、あなたの会社が上位表示されるのはむずかしいといわざるを得ません。まずは、競争の少ないキーワードから始めていく必要があります。

◆ スモールワードで上位表示させてコツコツアクセスを稼ぐ

SEOでは、競争率が低く、検索される数が少ないキーワードを「スモールワード」と呼びます。たとえばパソコン販売のお店であれば、「ソニー、パソコン」に対して「VAIO SVS 1512AJ」のような型番レベルのワードのことです。小さな会社では、いきなり競争の激しいキーワードでの勝負を挑まず、スモールワードでいかに上位表示させるかが重要になります。

検索エンジンは、上位10位以内に表示されないとほとんどアクセスが稼げない熾烈な世界です。

1つの競争の激しいキーワードにこだわると、たとえ上位表示に成功しても、すぐに順位が落ちてしまう危険性があるのです。

スモールワードで上位表示を達成させても総アクセス数自体は少ないかもしれません。しかし、1日1アクセスしかないキーワードであっても、1年を通せば365アクセスを稼げます。コツコツとこのようなページを100ページまで増やせば、一日100アクセス、毎年36,000以上のアクセスを得ることができるのです。

次項で詳しく解説しますが、一つひとつのページの「内部施策」をきちんと行ない、スモールワードで確実に上位表示できるページを増やしていきましょう。

3 検索エンジンが好むWebサイトの構成とは? 内部施策のポイント①

まずは社名やサービス名などのスモールワードでタグを操作してみよう

◆ SEOの「内部施策」とは何か

Googleの検索エンジンは、順位付けを行なう際、検索されたキーワードとWebページのコンテンツの一致度を重視します。

たとえば「宿予約　箱根」という検索キーワードで検索された場合、Googleの基準で、箱根の宿が予約できる役立つコンテンツを載せているWebページを上位表示させようとします。

このGoogleの基準に少しでも近づける作業が、SEOの内部施策です。

◆ まずは社名やサービス名から試してみよう

前項で説明した「スモールワード」の最たるものは、あなたの社名やオリジナルの商品名です。あなたの会社と同じ社名が極端に多いようなことがなければ、簡単に上位表示が達成できるからです。

この項で解説する内容を参考にして、まずは小手調べに自分の会社名で1位に表示できるかどうかを試してみましょう。

◆ タイトルタグにキーワードを入れる

上位表示を目指す際に最も重要なのは、タイトルタグにキーワードを入れることです。タイトルタグとは、HTMLで<title>と</title>に挟まれた部分を指します。

検索エンジンは、ここにどんなキーワードを含ませるかをもっとも重視します。競争の少ないキーワードであれば、タイトルタグをきっちり調整するだけで、10位以内の表示がすぐに達成できるほどの効果があります。会社名やオリジナルのサービス名を上位表示させたい場合は、ここにキーワードを含めるだけで、高確率で上位に表示されます。

タイトルタグ記入のポイントは以下の３点です。

> ●１つのページ（Webサイト全体ではない）で上位表示を狙うキーワードは2～3ワード。タイトルタグは長すぎるものにしない
> ●対策キーワードはタイトルタグの前の方に記述する
> ●タイトルタグの文章を不自然な日本語にしない

タイトルタグを付ける際にありがちなミスがあります。トップページはよく考えられたタイトルが付けてあるが、それ以外のページのタイトルタグを見直していなかったり、すべてのページのタイトルタグが同じになっているケースです。

実は、トップページ以外のページのタイトルタグも大変重要です。これらのいわゆる「下位ページ」が、競争の少ないニッチなキーワードでお客様を集めてくることが非常に多いためです。

小さな会社では、すべてのページのタイトルタグに気をつかうことで、はじめて他社に差をつけることができます。

なお、タイトルタグの付け方に悩んだ場合は、狙っているキーワードで上位10位以内に表示されたWebサイトのタイトルタグを調査することです。完全な真似は禁じ手ですが、実際に上位表示されているサイトですから、大変参考になります。

◆「メタキーワード」「メタディスクリプション」「h1タグ」の設定

タイトルタグの次に気をつかいたいのが、「メタキーワード」「メタディスクリプション」「h1タグ」の設定です。

メタキーワードと、メタディスクリプションとは、HTMLファイルのヘッダ部分に記述するもので、Webページの訪問者の目には入らない情報です（次ページの画像参照）。

しかし、検索エンジンはこれらの情報をチェックしています。メタキーワード、メタディスクリプションは、検索の「順位」にはほ

メタキーワードとメタディスクリプションの入力画面

```
<meta name="Keywords" content="ビジネス,マーケティング,勉強会,読書会" />
<meta name="description" content="東京 / ビジマでは、ビジネス、マーケティングに関す・・・
        ・・・参加者の知識、スキルの向上、豊かな人脈を築くことを目的に活動しています。" />
```

メタディスクリプションが反映された入力画面

ビジネス・マーケティングの勉強会・読書会 / 東京 - **ビジマ**（bizima）
bizima.jp/ - キャッシュ
東京 / **ビジマ**では、ビジネス、マーケティングに関する勉強会・読書会を定期的に開催しています。参加者の知識、スキルの向上、豊かな人脈を築くことを目的に活動しています。

とんど影響しませんが、検索「結果」に表示（インデックス）されるかどうかの判別に重要な要素として用いられます。

メタキーワード、メタディスクリプションがまったく同じページが複数あると、そのうちのいくつかが、検索エンジンに表示されない可能性が高まります。

メタディスクリプションタグに記述した文章は、検索結果に表示される説明文に影響を与えます。この説明文次第で、検索結果からお客様が実際にクリックしてあなたのWebサイトを訪問してくれる可能性が変わってきますので、訪問者が興味を引きそうな、適切なメタディスクリプションの文章を考える必要があります。

最後にh1タグですが、上位表示させたいキーワードをh1タグに含ませておくと、検索結果によい影響を及ぼす可能性が高まります。

h1タグとは「見出し」のようなもので、そのページの重要な見出しにあたる項目が何なのかを、検索エンジンやページ訪問者に伝える役割を果たします。

次の点に注意してh1タグを設定すると、安定した効果を発揮します。

●h1タグの利用は、1ページに1つだけ
●h1タグは、コンテンツの上の方に利用
●h1タグに検索結果で上位表示させたいキーワードを含ませる

技術的には、h1タグを使わなくても上位表示できる方法はあるのですが、初心者は、検索エンジンの混乱を避ける意味でも、h1タグを効果的に利用しましょう。

4 検索エンジンが好むWebサイトの構成とは? 内部施策のポイント②

検索する人の意図に沿った役に立つコンテンツの充実したサイトを目指そう

◆ 利用者にとって役立つ情報が上位表示される

かつてGoogleで上位表示させるためには、さまざまなテクニックが存在していました。悪い言い方をすると、Googleの裏をかくインチキな手法も数多くあったのですが、現在は、アルゴリズムの進化により、ほとんど通用しません。

いまは、かなりの精度で検索エンジンユーザーにとって「役に立つコンテンツ」が上位に表示されるようになっているのです。

では、Googleはどうやって膨大な数のWebサイトについて「役に立つコンテンツ」か否かを判断しているのでしょうか。1つはWebサイトの文章やソースコードなど「コンテンツの内容そのもの」の分析です。もう1つは、「コンテンツ」ではなく「コンテンツを読むユーザーの行動」の分析です。近年、特に機械学習で後者の分析による評価が進んでおり、小手先のテクニック以上に、読者に好まれる内容であることの重要性が高まっています。

Googleの判断基準はブラックボックスではありますが、「コンテンツを読むユーザーの視点」に立ったうえで、筆者の経験に基づき上位表示のためのポイントを3つにまとめてみます。

◆ 上位表示されやすいコンテンツのポイント

①読んでみたいと思うタイトルやディスクリプションか

検索結果に表示されるタイトルやディスクリプション（ページの概要を表わすテキスト）が魅力的かどうかは極めて重要です。そもそも検索した人がクリックしたいと思わないタイトルはGoogleも上位に表示しないでしょう。

②期待はずれになっていないか

タイトルは魅力的なのに、クリックしてみたらタイトルとズレた内容（釣りタイトル）や中身のない内容であれば、当然上位表示が難しくなります。

③ほかの検索結果よりも満足してもらえたか

多くのユーザーが検索結果１位から順番に「複数の記事を読んだなかで一番満足して、最後に閲覧および閉じた記事」になっているかどうか。これが最もわかりやすい基準だと考えます。

もう１つ付け加えておきたいのが、情報の多様性や独自性です。検索結果の上位に、質が高いとはいえ同じような内容の記事ばかり並ぶとユーザーは飽きてしまいます。そのため、ニーズに対して異なるアプローチをとる記事は評価されやすい傾向があります。

そのほか、次のようなポイントも心がけるとよいでしょう。

◆ 上位表示させるキーワードと関連の強いコンテンツを作成する

検索エンジンの順位には、実際の文章やコンテンツの内容も大きな影響を及ぼします。次のような方針でコンテンツを作成するよう心がける必要があります。

- １ページのコンテンツに十分な文章量を確保する（最低600文字以上が目安）
- 日本語として不自然にならない程度に、上位表示させたいキーワードや関連語を含んだ文章にする
- オリジナルな内容のコンテンツを心がける（他のサイトと同じ内容の文章にしない）

上位表示させたいキーワードに関連して、オリジナルで役立つコンテンツをつくれば、自然に上記の条件は満たされるでしょう。

◆サイト内のコンテンツ同士のリンクを充実させる

検索エンジンは、あなたのWebサイト内に適切にリンクが張られ、移動しやすくなっているかどうかもチェックしています。

ページ上部やサイドバーにリンク専用メニューが設置されているのは基本です。そのほか、たとえばAmazonなどのECサイトを閲覧していると、「おすすめ商品」という形で関連性の高い商品へのリンクが表示されますが、各ページ内部に関連するページのリンクなどを張っておくと効果的です。各コンテンツページの一番下に、「関連するコンテンツ」という形でリンクを張るのです。

◆検索エンジンクローラーに巡回してもらうしくみを整える

検索エンジンで上位表示されるためには、Googleの検索エンジンクローラー（以下、「クローラー」）に巡回してもらい、Webサイトの情報を正確に頻繁に読み込んでもらう必要があります。

クローラーは、Googleが開発した自動巡回プログラムで、ユーザーと同じように、Webページのリンクをたどって移動（クロール）しています。クローラーに認識してもらうためには、次のような施策が求められます。

■XMLサイトマップを作成・活用する

Googleが用意しているGoogle Search Console＊というツールにXMLサイトマップを作成して登録することで、より確実にGoogleにサイトの情報を伝えることができます。

XMLサイトマップを登録すると、実際にインデックスされたURLの数やインデックスされなかったページの数も参考情報として表示されるため、大変便利です。

Google Search Consoleは、クローラーの巡回の頻度や履歴など、SEOを改善するためのさまざまな機能があるので、必ず利用しましょう。

＊ https://search.google.com/search-console/about

図表1　Google Search Console

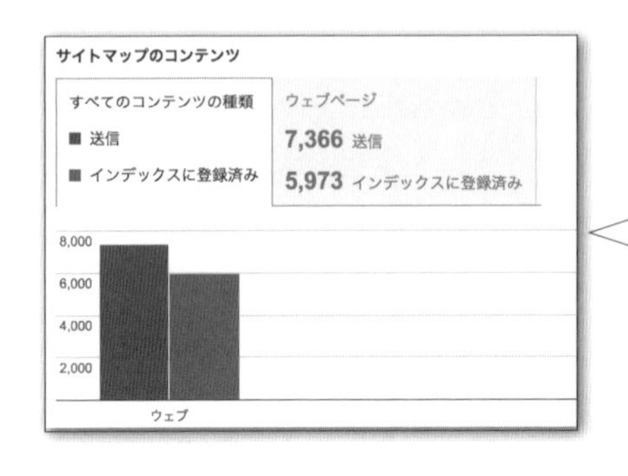

ツールやレポートを使うことでサイトの検索トラック（キーワードがどのくらいの頻度で検索されたか）や掲載順位の測定などができる

◆ 利用者が迷わないディレクトリ構成にする

■階層・構成をシンプルに

Webサイトは、リンクがツリー上に連なってできています。パソコンのデータ管理におけるフォルダ階層と同様のものといえます。そのツリー構造のリンクのことを「ディレクトリ」といいます。

ディレクトリの構成は、クローラーが巡回しやすいように、シンプルにわかりやすくしましょう。階層もあまり深くないように、3～4クリックでほとんどのページにたどり着けるようなつくりが理想です。Google Search Consoleだけでなく、サイト全体に巡回できるHTMLのサイトマップも別途作成するとよいでしょう。

また、各ページに「パンくずリスト」を作成し、現在のページが

図表2　パンくずリストの例

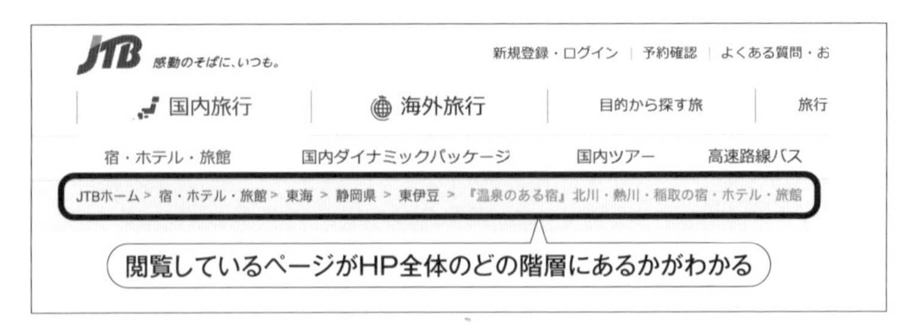

サイト内でどの階層にあるのかわかりやすくしてあげることで、Googleの評価が上がりやすくなります。もちろん、これはユーザーにとっても親切です（図表２）。

■カテゴリごとにまとめる

きれいでわかりやすいディレクトリ構成は、Webサイトの評価を高めます。商品・サービスが意味のあるカテゴリごとにディレクトリ分けされていると、クロールされやすく、検索結果がインデックスされやすくなります。

また、ディレクトリごとのまとまりとして、検索エンジンにキーワードが評価される可能性が高まり、スモールキーワード、ビッグキーワードともに上位表示されやすくなります。ユーザビリティの観点からわかりやすいディレクトリ構成になっていれば、下層ディレクトリにあるページも検索エンジンから評価をしてもらえます。

■URLの命名規則を整備する

ディレクトリの命名規則にも注意しましょう。できれば、ランダムな数字やアルファベットをディレクトリ名にするのではなく、取り扱う商品やサービスと関連のあるディレクトリ名をつけるようにしてください。

たとえば、建材販売のサイトであれば、

●石材を扱うディレクトリ→「/stone」
●水まわりの商品を扱うディレクトリ→「/water」

といった具合です（図表３）。

意味のあるディレクトリ名にすることで、訪問者にとってもわかりやすく、アクセス解析でもディレクトリごとのデータを比較するときに解析が楽になります。

■利用者の欲するコンテンツを目立たせる

利用者に特に読んでもらいたいキラーコンテンツを目立たせまし

図表3　ディレクトリ構成例（建材販売の場合）

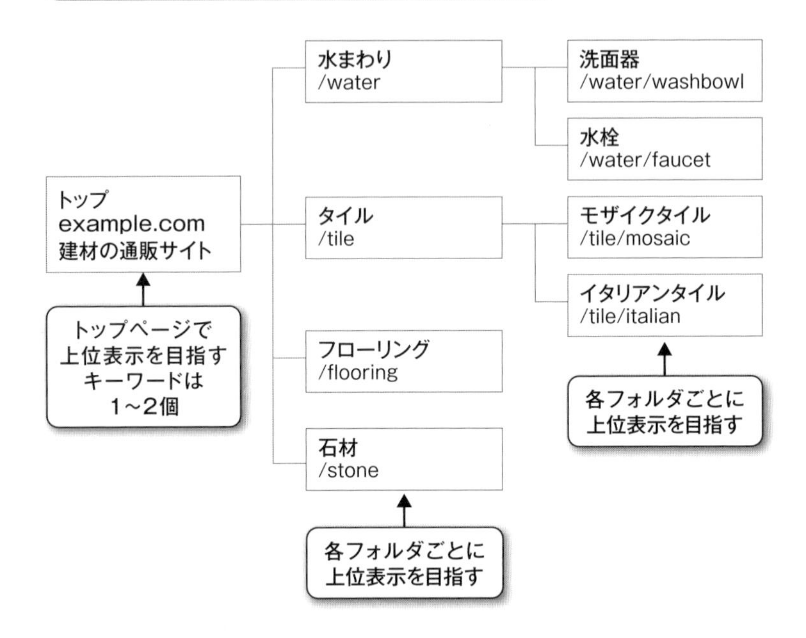

図表4　アイコンバナーリンクの例

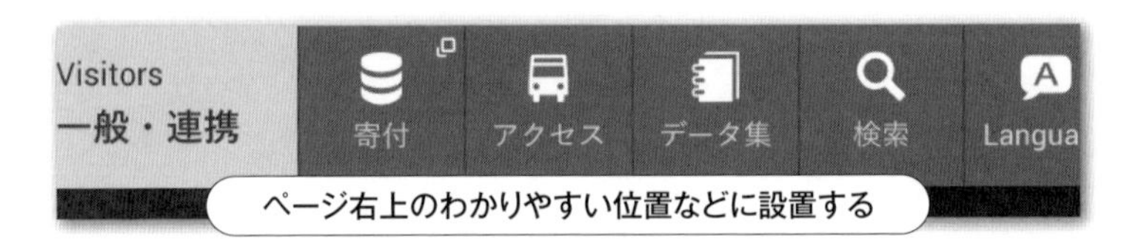

ょう。定番の商品、人気サービスなどはトップページや各ページからバナーやリンクで誘導します。

また、会社や店舗へのアクセスマップや会社情報など、訪問者のアクセスの機会が多く重要度が高いものは、PCサイト、スマートフォンサイト両方で、グローバルメニューの上部などわかりやすい場所に目立つアイコンバナーリンクなどを掲載します（図表4）。

◆ それでも上位表示できない場合はコンテンツを見直す

思うように順位が上がらない場合は、上位表示を目指すキーワードについては、Google やYahoo! で検索してみて上位10位までにどんなWebサイトが表示されているのかを確認しましょう。原則として、それらのサイトよりレベルの高いコンテンツをつくらない限り上位表示は難しいと心得てください。

一方で、真っ向勝負で勝てない場合は、アイデア勝負でクリアすることもできます。上位10サイトとは切り口が違うが高い需要があるコンテンツを考えることで、勝負にもち込むのです。たとえば「新宿　ランチ」などで検索したときに上位に表示されているのが、とにかく安いお店だったら、真っ向勝負を避けて、隠れた需要があるのに書き手が少ないアプローチをとります。たとえば「新宿なのに並ばずに最高に美味しいランチのお店15選」といった具合です。新宿の有名店は大抵混雑しているので、「並ばずに」は確実に需要があります。

ほかに、特定のキーワードが大量のボリュームの記事ばかりだったら、逆に「５分でわかる○○」といったように、特に要点となる情報をわかりやすく画像や図を多めにした記事をつくるなどアプローチを変えてみましょう。検索ユーザーのニーズが満たされていないコンテンツや、自社にしかつくれないコンテンツ（事例やお客様の声など）を突き詰めて考えることが最も大切です。

5 被リンク・サイテーションの集め方 外部施策のポイント

**サイテーションを理解して、
PR代行サービス・ソーシャルメディアの正しい活用法を知ろう**

◆ 検索エンジンが重視する外部リンク

Googleの検索アルゴリズムでは、自社サイトの内部だけでなく、外部でどのように取り上げられるかが検索順位に影響します。

検索エンジンでは、以前は、外部サイトからどのようなリンクがどれだけ張られているのか、という点が最も大きな検索順位での上位表示基準でした。一般的に「被リンク対策」「外部リンク対策」と呼ばれる外部リンクを増やす対策は、以前ほどではありませんが、いまでも十分に有効な施策です。

基本的には、上位表示したいWebサイトと近い内容のWebサイトからのリンクや、官公庁や有名企業、ポータルサイトなど信頼性の高いWebサイトからリンクが張られると評価が高いというしくみになっています。

リンクによって順位が上下するというしくみは、SEO業者が悪用することが多く、リンクの売買や、偽装サイトからのリンクなどが横行していました。そこでGoogleは、恣意的なリンクによる順位評価操作を行なうサイトに対して、ペナルティを課しました。その結果、現状では、外部リンクを利用した不正がほとんどできなくなっています。

とはいえ、外部リンクの獲得は、いまだ評価対象として有効です。機会があれば、外部リンクの獲得を意識したほうがよいでしょう。

◆ サイテーションという新しい判断基準

現在のGoogleのアルゴリズムでは外部施策としてリンクだけでなく、「サイテーション（引用・言及）」が評価に加わっているといわれています。これは、Web上でリンクを張られていなくても、自社の社名やサービス名、店の名前などについて、他のWebサイト上で言及されている内容を検索エンジンの順位評価基準に入れているということです。

私たちが特定のサービスや店についてWeb上で話題にするときに、必ずしもそのサービスのページにわざわざリンクを張るわけではありません。むしろ、ブログにしろ、SNSにしろ、特に対象のWebページにリンクを張らずに気軽に口コミ情報を投稿するほうが一般的といえるでしょう。そのため、もっと広い意味でのWeb上の評判をGoogleは評価対象に入れているのです。

◆ リンクやサイテーションを集めるための方法

●SNSで話題になる記事を書く

Facebook、Twitter、はてなブックマークなどで拡散される（バズる）ようなWebコンテンツを書きます。FacebookやTwitterそのものは被リンクの効果はありませんが、はてなブックマークや、TwitterのSNSまとめサイトなど関連サービスによって被リンクの効果が認められます。また、リンクはなくともサイテーションの評価が高まる可能性があります。

●引用したくなる記事を書く

ブロガーや、Webサイト運営者が引用したい、リンクを張りたいと思うようなコンテンツを作成します。特に有効なのは自社のビジネスに関わりのある分野での、視覚的にわかりやすいグラフなどの統計情報です。自分たちでデータを集められれば理想的ですが、官公庁がWeb上で公開しているデータなどを独自の切り口で、記事化するのもおすすめです。官公庁の提供データは、PDF上でアップされていたり、情報のまとまりやカテゴライズが独特で、検索エンジンに適切に引っかからないものも多く、よりわかりやすくしてあげることで価値のあるコンテンツになることが多いのです。

ほかに、その分野で有名な著者や研究者などに取材をして、説得力のあるデータを掲載したインタビュー記事などをつくるのも有効です。

●SNSの運用を活発化させる

自社のコンテンツがSNS上で話題になるように、SNSのフォロワーを増やす努力をすると、より拡散効果が高まります。SNS上でのファンが増えることで、直接的な顧客が増えるだけでなく、サイテーションも増えます。

●取材、PRを活用する

大小のWebメディアからの取材や、PRの掲載を目指します。多くのWebメディアはサイトの信頼性（オーソリティ）も高く、話題になることでサイテーションが期待できます。商品のPRだけでなく、企業でしたら、代表や社員のインタビューや、会社を訪問してもらう記事など、さまざまな方向が考えられます。Twitterなどのソーシャルメディアで取り上げてもらうことで、さらなるサイテーションが集まる可能性が期待できます。

メディアで、PRや取材記事をよく見かける会社のやり方を勉強してみましょう。こういった記事を増やすとSEOだけでなく、採用ブランディングにも大きな効果を発揮します。

Web上には、「ネットショップ専門」「歯科医専門」といったように、ニッチなメディアやブログがたくさん存在します。大手メディアがあなたのサービスを取り上げてくれる可能性は低いですが、こういったニッチメディアはつねに情報を探しており、適性のあるメディアにプレスリリースを直接送ると、詳しく取り上げてもらえる可能性が高くなります。

プレスリリースがメディアに取り上げられやすくなる条件は、「ユニークであること」「日本初、日本一、などの付加価値があること」「地域振興に関係性が高いこと」「流行のトピックに乗っていること」

代表的なプレスリリース代行サービス

◎ドリームニュース

月11,000円で何本でもプレスリリースを配信できるリーズナブルなサービス。価格は安いが、配信先は有力なWebメディアを網羅している。7,000以上の配信先リストがある。
https://www.dreamnews.jp/

◎PRTimes

国内シェアNo1のサービス。プレスリリース１本3万円。月8万円で配信数無制限。12,000以上の配信先をもつほか、リリースの原稿作成代行、FAX配信、解析レポートなどオプション多数。細かく配信先を指定することも可能で、ターゲットメディアの担当者に配信が届きやすい。
https://prtimes.jp/

などがあげられます。

●口コミサイトの評価を意識する

価格.comや、食べログ、Googleマップの情報など、Web上に存在する口コミ掲載サイトでの評価や口コミの内容に気をつけましょう。なかなか自分たちでコントロールできることではないですが、口コミの内容を見ながら、顧客対応や、商品のブラッシュアップ、アフターサービスなど地道な改善をしていく必要があります。

また、これらのサイトの自社の情報部分（例：食べログの店舗情報、Google マップの情報）など、古くなっている情報がないか、充実させる部分がないか定期的に見直しましょう。

SEOの外部対策は、もはやWeb上で何かをチマチマ操作するような作業ではなく、全体的な事業改善と大きく関わります。

自社の名前や商品名がネット上で話題になる機会をいかに増やすか、好感度を上げるかが肝です。そのためには、小手先のテクニックではなく自社のサービスそのものをよいものにしていくこと、場合によってはWebとは異なるアプローチでのブランディング施策も必要なのです。

6 Googleからの「ペナルティ」にはくれぐれも注意する

検索エンジンから削除される悲劇を念頭に、正しいリンクの張り方を確認しよう

◆検索エンジンからあなたのサイトが削除される

Googleの検索エンジンアルゴリズムには、「外部からのリンク」を不正操作するサイトを違反とみなし、ペナルティをかける機能があります。これは下記サイト内、「Googleウェブ検索のスパムに関するポリシー」中の「リンクスパム」に詳しく説明されています。

この内容を要約すると、「お金でリンクを買ったり、順位アップを目的として極端に増やすのは許されない」ということです。

ウェブ検索のスパムに関するポリシー

https://developers.google.com/search/docs/essentials/spam-policies?hl=ja

代表的なペナルティは下記の３つです。

代表的なペナルティの例

①Webサイトそのものが検索エンジンから削除

最も悪質と判断された場合になされる、一番強烈なペナルティ。検索エンジンにサイトが表示されなくなる。

②特定のページについて極端な順位低下

過度にリンクを張った特定のページの順位が下がる。たとえば不正なリンクをトップページに大量に張っていると、トップページが上位表示されなくなる。

③**特定のキーワードについて極端な順位低下**
特定のキーワードで検索したときだけ順位が大幅に落ちる。特定のキーワードで上位表示させようとして、そのワードを含んだアンカーテキストで不正リンクを大量に張った場合に発生することが多い。実際に発生するペナルティのうち、一番起きる可能性が高いのがこのタイプだといえる。

近年Googleは、意図的に順位を上げようとする質の悪いWebサイトに対して、厳しい措置をとるようになりました。「ペンギンアップデート」「パンダアップデート」と名付けられたしくみで、ガイドラインを無視したWebサイトの順位をどんどん下げるよう工夫しています。

◆ペナルティを受けないリンクの張り方

Googleからペナルティを受けると一挙に順位が落ち、半永久的にもとの順位に戻らないこともあります。

ペナルティを受けた場合は、まずは原因となるリンクを取り除く作業を優先させることになります。ただ場合によっては、ドメインを完全に変え、今までのリンクをすべて抹消しないとペナルティが解消しないこともありますので、ここまで述べてきた安全なリンク掲載の手段を心がけましょう。

ペナルティが発生する可能性があるリンクの張り方

- 自分のサイトと無関係なコンテンツサイトのリンクを大量に張る
- 短期間に不自然なスピードで大量のリンクを張る
- 外部業者からリンクをお金で買う
- まったく同じアンカーテキストばかりでリンクを張る（リンクのアンカーテキストがすべて同じというのは不自然と判断される）

7 SEOを専門業者に依頼する場合のポイント

業者からの提案を聞き、何を得意とする業者なのかを見極めてから契約しよう

SEOの専門業者を選ぶ基準はむずかしく、思った通りにいかなかったというケースが後を絶ちません。ここでは、SEO業者の発注の際に参考になるポイントをまとめます。

◆ SEO業者の3分類

SEOには、前出のように「内部施策」と「外部施策」があります。**競争の激しいキーワードで上位表示を目指すのか、競争の少ないワードで複数のページを上位表示させるかでまったく作業が変わってきます。**

業者ごとにどのような手法を得意としているのかを見極める必要があります。

①外部施策重視型

SEO業者でかつて最も多かったタイプで、特定のキーワードについて上位表示できるようリンクを張りながら調整を行ないます。

業者によって手法や金額はさまざまです。「10位以内に入った場合のみ費用が発生する」などの成果報酬型の業者、リンクだけを販売して張るところ（「100本リンクで1か月○円」など）、こちらの状況を考えて適切なリンクを張る業者などもあります。

外部施策重視型の特徴は、最初から上位表示に役立つリンク群を自社で保有している点です。効果の高いリンクを自社で増やしていくのは現実的にかなり困難な作業であるためお金で買おうとする企業が多いことなどが、このタイプの業者が多い理由です。

ただし、前項で解説したとおり、これはGoogleのガイドラインに違反しているともいえるため、ペナルティと隣り合わせの行為であることを自覚しておく必要があります。

また、料金を支払い続ける期間のみリンクが有効となる場合があります。契約解除した途端に順位も低下することから料金を払い続けなくてはいけなくなるため、契約時に確認が必要です。

②内部施策重視型

Webサイト内部の構造を検索エンジンに最適化する業者です。ただし、内部施策のみで上位表示できるのはかなり競争の低いキーワードであることがほとんどです。またページ数が膨大でサイト構造が複雑なサイトの場合も内部施策の影響が大きいことが多いです。実際はこの施策を中心にした業者は多くありません。現在では、次に説明する③の業者がセットで内部施策を扱っている場合が多いようです。

③コンサルティング型

Webサイトの特性を見て、最適なSEOの方向を長期的にアドバイスする業者です。具体的には、どのようなWebコンテンツやSNSの更新をしたらリンクやサイテーションが集まりやすくなるのか、リンクが集まりやすいコンテンツが増えるための再設計など、サイト全体の企画レベルから検索エンジンを意識したアドバイスをしてくれます。上述の②の内部施策についても詳しくアドバイスをしてくれることがほとんどです。

ペナルティを受ける心配がなく、長期的なサポートを期待できますが、結果が出るまでに一定の時間がかかったり、①や②よりも料金が高めだったりするデメリットもあります。また、あくまで「アドバイス」が中心で、それを実行できる予算や実務を担当する人材が用意できないといけません。

◆どんな方法で上位表示を目指すのかを確認する

前述の①～③は、それぞれの業者が自称しているわけではなく便宜的に分類したものですので、業者に相談する際は、①～③のどれに当てはまるかをあなた自身が判断しなくてはなりません。

判断基準は、それぞれの業者がどのような手法で、あなたのWebサイトの上位表示を目指すのかです。

「リンクを張って特定のキーワードを上位表示させる」と提案された場合は①に当てはまり、この場合は競争が激しいキーワードで上位表示させる方針と考えてよいでしょう。競争の激しくないキーワードで上位表示するのなら、外部リンク業者に頼むより、自社で行なったほうが費用対効果が高いでしょう。

一方、どんどんコンテンツをつくり、ニッチなキーワードでアクセスを増やしていこうと提案された場合は、②か③に該当します。どちらが自社に望ましいかを考えて最終的にお願いする業者を決定しましょう。

◆被リンクによる対策は常にペナルティの可能性がある

①で触れたとおり、外部施策重視型業者のリンクは大変効果が高い場合がありますが、基本的にはGoogleのガイドラインに違反しているものと考えられます。

業者も工夫していて、ペナルティに引っかからない策をとっていますが、いつGoogle側の基準が変わってペナルティを受けるかはわかりませんので、自己責任で判断しましょう。年々、Googleのリンク購入に対するペナルティもしくは無効の判断は厳しくなっているので、筆者はこの方法はおすすめしません。

ペナルティの不安を完全に取り除いて上位表示を目指す場合は、地道に内部施策を続けながら自然にリンクが増えるのを待つか、コンサルティング型のSEO業者を利用し、長期的なアドバイスを受けることになります。

◆SEOに「必ず」はないと心得る

ホームページに「○○というキーワードで１位」など実績を並べている業者をみるかと思いますが、これは必ずしも当てになりません。Google検索エンジンのアルゴリズムはかなり早いペースで変化し、過去に上位表示されていたからといって今後も上位表示が続くとは限らないからです。とくに実績が何年も前のものである場合、信頼性はさらに下がると考えられます。

中小規模の会社においては、競争の激しいキーワードでの上位表示を高いお金を払って業者に頼むことにはリスクがあります。

まずは、競争率が低く結果につながりやすいキーワードから上位表示させるページを増やしていき、経験と知識を身につけることが大切です。

一つひとつ実績を積んでいくうちに、競争の激しいキーワードで上位表示するために何が足りないのかがみえてきますので、そこを補足するために業者を利用するのがベストでしょう。

５章では、競争の激しいキーワードからアクセスを集めるリスティング広告の手段を解説しています。

Book Guide 3 章の内容で参考にしたい本

01

10年つかえるSEOの基本

[技術評論社]
年数が経ってもぶれないSEOの基本について、初心者向けにわかりやすく書かれた一冊。

02

沈黙のWebライティング —Webマーケッター ボーンの激闘— アップデート・エディション

[エムディエヌコーポレーション]
ストーリー形式で具体例を交えながらWebライティングとSEOが学べる一冊。ブログ記事などSEOに強いライティングを学ぶのにおすすめ。

03

すぐに使えてガンガン集客！ WEBマーケティング123の技

[技術評論社]
拙著。Webの集客に関するトピックを網羅した著書。特にSEOの項目が豊富で、SEOと他の集客法との関連付けや比較をしたい人におすすめ。

4

小さな会社のブランディング ソーシャルメディアとブログの活用法

TwitterやInstagramで企業アカウントをもつことは、もはや常識になりつつありますが、売上に大きく貢献した事例はまだ少ないのが現状です。ソーシャルメディアは、メインサイトと連携することではじめて大きな効果を発揮すること、またブランディングツールとしての効果が狙えることがポイントです。小さな会社の正しい活用法を、事例を踏まえて解説します。

1 会社がソーシャルメディアを利用する5つの目的

独自メディア・メルマガの代わり・広告媒体・広報・ホームページの簡易更新の5つに大きく分かれる

◆ ソーシャルメディアは「会社の利益」につながるのか？

昨今ではテレビでも、「Twitterで話題のニュース」「Instagramで話題のお店」など、SNSの名前を聞かない日はありません。

特に若年層は1人で複数のSNSを使いこなしているのが一般的です。企業でSNSを活用する際は、各SNSの特徴と傾向を正しく押さえる必要があります。

現在主流のSNSとしては、メッセンジャーアプリとして圧倒的な利用者比率を誇る「LINE」、実名制の「Facebook」、短文SNS「Twitter」、写真動画共有SNS「Instagram」、動画共有コミュニティ「TikTok」、世界最大の動画プラットフォーム「YouTube」などが挙げられます。

アカウントはどれも無料ですぐに開設できるため、なんとなく始める企業も多いのですが、利益に結びつくところまで活用できている企業は少ないといえます。

SNSは、適切な運用をしてフォロワーという資産を蓄積していくことではじめて収益に結びつくタイプのものだからです。短期的な成果を求めず、しっかり継続した企業が恩恵を受けることができます。一度、SNSをメディアとして成長させることができれば、低コストで大きな集客力をもつ自社メディアを所有することになります。

逆に、短期的な売上を重視するのであれば、検索エンジン対策（SEO）や、検索エンジン上に広告を出すリスティング広告に先に取り組むことをおすすめします。また、運用型のSNS広告についても相性のよい企業は、短期的に成果を出すことが可能です。

◆ SNSの5つの活用方法

SNSは、単純にフォロワーを増やせばよいというものではなく、次のように複数の観点で活用法を検討する必要があります。

①独自メディアの展開

一般的に思いつくのが、独自メディアとしての利用法でしょう。主に、Instagram、Twitter、Facebook、YouTube（YouTubeチャンネル）などを利用した場合に相性がよいといえます。魅力的な投稿を行ない、フォロワーを増やしていきます。

2022年現在、企業アカウントとして一番広く利用しやすいのがTwitterです。ユーザーの動きも活発で、投稿できる文字数は140字以内と少ないものの、ブログへのリンクや、画像、動画など投稿の形式も自由です。

Instagramは、画像か動画形式での投稿が必須になるため、クオリティの高い画像やユニークな動画が求められます。Instagramと相性のよい事業をやっていないと活用が難しい面があります。ウエディング、雑貨、飲食店、観光関係などは相性がよいでしょう。投稿にリンクを張ることもできないので、自社のブログ記事の紹介などもできません。

Facebookについては、最近では個人アカウントに比べて、企業アカウントの投稿の表示が減少するようにアルゴリズムが働いており、新規に取り組むには難易度が高くなっています。

どれも、フォロワーが少ないうちは、投稿しても閲覧や反応がほとんどなく、心が折れそうになりますが、フォロワー数が増えていくと、極めて低コストで強力な集客メディアに一転します。フォロワーを増やすためには、魅力的な投稿を続ける必要があり、かなりの努力と研究が必要ですが、成功すれば必ず報われます。

たとえば、ECサイトの「北欧、暮らしの道具店」のInstagramアカウントは、125万人超のフォロワーがおり、商品紹介をすると、ものによっては一瞬で品切れになってしまう勢いがあります。

②メルマガの代わり

近年、若年層でEメールを利用しない文化が広がっています。家族や友人とのやり取りはSNSのメッセンジャーアプリで行ない、メールはほぼ開封しません。そうなると、企業側もメールマガジンではなくSNS上で情報を発信する必要があります。特に効果が大きいのが「LINE公式アカウント」です。店舗や企業のアカウントをユーザーに登録してもらうことで、商品情報やクーポンなどを送ることができます。スマートフォンにプッシュ通知で届くため、開封率が高く、メールマガジンの6倍〜10数倍といわれています。ほかにも、好きなブランドや店舗のInstagramやTwitterのアカウントをフォローして情報を追う人も多く、各種SNSで情報発信をすることが重要です。まずは、先の独自メディアとしての運用は置いておいて、メルマガの代わりや補助としてSNSを開始するのも1つの手です。

③広告媒体の出稿先

SNSでファンを増やすのを諦め、開き直って広告の出稿先としてSNSを利用するのもアリです。SNS広告は、フォロワーが少なく、ほとんど運用していなくても、一定の成果が出るようなしくみになっています。

そもそも、SNSの収益の大半は広告費です。当然、広告費を支払う企業にとって、メリットがあるしくみになっています。SNS広告は、即効性のあるマーケティング手法なのです。現状、低予算で一定の効果が見込みやすいのは、Facebook、Instagram、Twitterでしょう。

④企業広報・採用対策

「うちの会社の商品やサービスはSNSに向かない」そう思っている担当者もいると思いますが、必ずしもSNSを商品のアピールに使う必要はありません。

SNSで、社内のユニークな取組みや、社員へのインタビューなどを行ない、採用のための広報媒体としてSNSを活用している企業も増えています。

集客は、採用サイトや、公式サイトの採用コンテンツから、SNSに誘導してフォローしてもらう形を取ります。メディアは、TwitterやInstagramを利用するのが一般的です。

社内の福利厚生やイベント、先輩の働き方など、SNS上でオープンに情報を更新し続けることで、就活生や、転職希望者の好感度を高めて、応募率や、内定辞退率の改善に貢献できます。

⑤ホームページの簡易更新

小さな会社のWebサイト運用のキモは、いかに更新作業を効果的かつ効率よく行なうかという点です。WebサイトをCMSで作成していれば比較的簡単に更新することが可能ですが、逐一業者に頼むようだと更新の労力が大きくなって更新が滞ります。更新されていないWebサイトは、やがて訪問者も少なくなります。

その点TwitterやInstagramの更新情報は、ガジェットという形でWebサイトに掲載できるので、投稿がリアルタイムに近いスピードでWebサイトに反映され、サイトそのものが更新されていなくても情報発信が行なわれている印象を与えることができます。

2 小さな会社のFacebook活用の基礎知識

Facebookは小さな会社に適したツール。個人ページとFacebookページを上手に使い分けよう

◆ いまもアクティブ利用者が多いFacebook

世界最大の利用者数を誇るSNSといってよいのがFacebookです。Facebookの特徴は、実名制のSNSであるということです。

そのためTwitterに比べると炎上が起きにくく、クローズドな利用がしやすいです。友人間などの親密なコミュニケーションなどに利用されています。

Facebookは、グローバルでみるとアクティブユーザーの成長率は非常に大きいのですが、国内では、特に若年層を中心として、利用者数や、アクティブ率において伸び悩みが生じています。

また、Facebookを企業運営するときは、個人アカウントとは別にFacebookページの利用が必須となっている一方で、以前よりも企業用のFacebookページの投稿が、一般のユーザーに対して表示が抑制されている傾向もあります。

そのため、ユーザーの活動が活発なTwitterやInstagramを中心にコンテンツを作成して、それをそのままFacebookアカウントに流用して投稿するといった運用を視野に入れてもよいでしょう。

投稿内容は、次に紹介するTwitterのツイート内容と基本的には同じ方針で考えてよいです。

◆ キャラクターの立った個人ページを運用する

一方で、あえて個人ページで勝負する方法もあります。

代表取締役や店長などが会社の「顔」である場合に、個人ページでキャラを際立たせた投稿をしつつ、会社全体のPRをおりまぜていく方が、会社の公式ホームページを運用するよりも効果が高いケースがあります。

また、BtoB事業でも、取引先との「個人同士の関係」をFacebookで強化するという観点ですと、話は少し変わってきます。**対面では名刺交換だけで終わってしまう関係が、将来的に取引につながることがあるからです。**

Facebookで定期的に情報発信をしたり、相手の投稿にコメントをしたりして、関係を維持することで、名刺の延長として低コストで関係を深めるツールになり、結果的に取引につながるケースがあります。筆者も、仕事の相談の８割前後をFacebookのメッセンジャー経由でもらっています。

◆FacebookのSEOを考える

Facebookのニュースフィードには、友だちからのさまざまな投稿が流れてきます。運用していくうちに、この表示の順番が必ずしも投稿順ではないことに気づきます。Facebookのニュースフィードは、通常「ハイライト」という方式に設定されており、Facebook独自のアルゴリズムで、ユーザーのアカウントと関連性が高く、かつ重要度が高いものを上位に表示するように制御されています。

このランク付けは「エッジランク」と呼ばれていますが、このしくみを理解すれば、自社のFacebookページや個人ページの投稿を、友だちやファンに対して他社や他の人の投稿より上位に表示させることができます。

この手法は、ニュースフィード最適化（NewsFeed Optimization）、略して、NFOと呼ばれています。

エッジランクは、下記の方法で決定されます。

affinity score（親密度）×weight（重要度）×time（経過時間）

それぞれの要素について簡単に説明します。

●affinity score（親密度）

親密度とは、相手との「仲のよさ」を示すものです。具体的には、「いいね！」を押した数、コメントをした数、メッセージのやり取りの回数などで決まります。

自分が友だちの投稿に対して「いいね！」を多く押せば友だちのニュースフィードに上位表示されるわけではありません。あくまで友だちがあなたの投稿に対して「いいね！」を押してはじめて、友だちのニュースフィードにあなたの投稿が上位表示されます。

●weight（重要度）

「いいね！」や「コメント」の数が多い投稿は重要度が高いと判断され、上位表示されやすくなります。「多くの人が盛り上がっている投稿」と判断すればよいでしょう。

●time（経過時間）

timeは投稿の新しさを表わします。親密度や重要度が高くても、あまりに古い投稿は上位に表示されないということです。

基本的には、新しい投稿ほど優先的に表示されやすいのですが、時間が経過した投稿であっても「いいね！」や「コメント」「シェア」などがされることにより表示されることもあります。

基本的に、これらと類似したアルゴリズムが、TwitterやInstagramにも適用されています（これらはFacebookに比べtimeの重要度が高い印象です）。

このように、どのSNSも魅力的な投稿を続けたり、ほかのユーザーとコミュニケーションを取ったりしていくことで、相対的に表示が増えていくしくみになっていることを頭に入れておきましょう。

フィードの表示イメージ　投稿順に表示されるわけではない

3 小さな会社のTwitter活用の基礎知識

企業と相性がよいTwitter。「炎上」にはくれぐれも注意しよう

◆社会インフラとして定着したTwitter

Twitterは、日本国内においてはユーザー数が多く、活発に利用されています。匿名によるつぶやきだけでなく、友人・知人への連絡、ニュースや災害、電車遅延などの最新情報を調べるためにも使われており、すでに社会インフラの1つとして定着しています。

メールアドレスさえあれば、誰でも簡単にアカウントを作成することができ、1社（1人）で複数のアカウントを作成しても、問題ありません。企業で活用する場合は、企業名やサービス名などで登録をして企業アカウントとして運用するのが一般的です。

◆企業アカウントにはTwitterがオススメ！

Twitterは、文字、外部サイトのURLリンクの共有、画像、動画など投稿の形式が自由なため、企業アカウントとして使うのにとても便利です。

また、FacebookやInstagramといったほかのSNSに比べて、情報の拡散力が非常に強いことも特徴の1つです。Twitterで話題になった商品が、店の棚から消えたというニュースもよく聞かれます。広告費にお金をかけられない企業でも、やり方次第で大きなチャンスを得られます。

またTwitterで話題になると、ニュースや個人ブログなどに取り上げられる機会も増えるため、GoogleやYahoo! Japanなどの検索エンジン上でも、プラス評価につながりやすくなります。

◆コンセプトを定めてツイートに統一性を

Twitterを利用すると決めたら、どのようなツイートをするか、コンセプトを定めましょう。

話題性を意識するあまり、発信している情報に統一性がないと、肝心のフォローしてほしい人に情報が届きません。

まずは、発信するメインの情報、コンセプトを決めましょう。また、ツイッターのアカウント名を「○○トラベル」といったサービス名だけで終わりにせず、「○○トラベル@魅力的な温泉情報を発信中」など、発信内容をタイトルに入れて、その情報に興味をもつ人にフォローしてもらえるようにしましょう（図表1）。

同様に、プロフィール欄も充実させるとよいでしょう。多くのユーザーは、ツイートの内容だけでなく、アカウント名やプロフィールを読んでからフォローするかどうかを判断しています。

◆フォロワーを増やすコツは細やかな運用

発信した情報を、多くの人に知ってもらうためには、フォロワーを増やすことが重要となります。そのために、あなたの業界、サービスに関係がある魅力的なツイートを継続的に発信していく必要があります。

発信するツイートは、次のパターンを参考にしてみるとよいでしょう。

- ●サービスに関係する、あなたの業界のあるあるネタ、役に立つ小話
- ●ほかのTwitterアカントのツイートで役立つ情報をリツイート
- ●自社で、運用しているブログ（オウンドメディア）の記事紹介
- ●社内のイベントの様子

これらの情報のなかに、プレスリリース、自社のサービスや商品情報などを混ぜてツイートすると効果的です。

それ以外にも、自社に関連のある情報をツイートしているアカウ

図表1　プロフィール欄の例

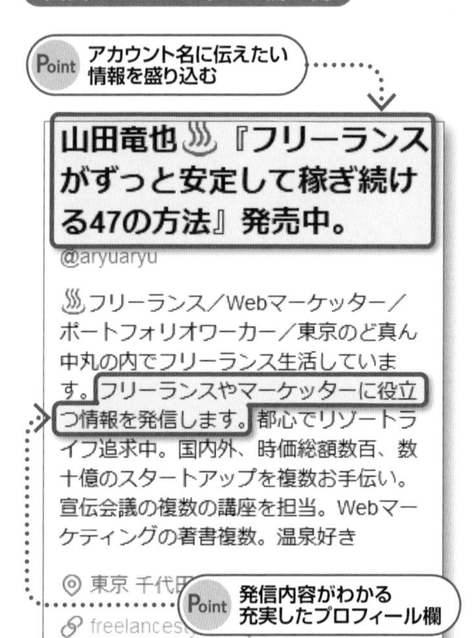

図表2　フォロワーを増やすためのツイート例

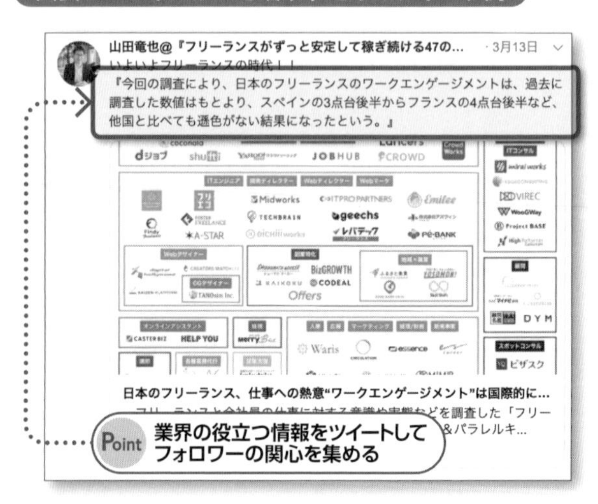

ントをフォローしたり、自社の情報を取り上げてくれたツイートにお礼のコメントをしたりするとよいでしょう。Twitterに限らず、SNSでは一方的な情報発信だけでなく、コミュニケーションを取ることが重要です。

◆「炎上」に注意しよう

情報を拡散させるのに優れたTwitterですが、ネガティブな情報は通常の情報とは比較にならない速度で拡散します。俗にいう、炎上です。

企業アカウントが炎上するケースでもっとも多いのが、「過激なツイート」です。ファンを増やそうと、個性あふれる発言を繰り返すうちに、だんだん感覚が麻痺して、過激なツイートをしてしまうパターンです。

とくに次のような内容は炎上につながりやすいので、極力避けたほうがよいでしょう。

炎上につながりやすいツイート

●差別表現に類する内容
●政治、宗教、思想、信条に関わる内容
●個人的なコンプレックスに関わる内容
●病気、健康に関わる内容

ツイートの内容については、ルールを決めておきましょう。

4 小さな会社のLINE活用の基礎知識

店舗の集客効果抜群、LINE。まずはLINE公式アカウントの開設から

◆ LINEは国内で最も利用者が多いSNS

国内で、最も利用者の多いSNSは何かご存じでしょうか。答えは、言うまでもなくLINEです。

現在、スマートフォン利用者のほとんどがLINEアプリを使ってコミュニケーションを行なっており、旧来の携帯電話のEメールはほとんど利用されなくなっています。TwitterやInstagramのように不特定多数とつながる利用法というよりも、顔見知りの人との1対1のやりとりや、グループでのメッセンジャーツールとしての利用がメインになっています。

もしあなたが、LINEは若年層向けのコミュニケーションアプリだと考えているのであれば、それは大きな間違いです。実際のところ、LINEは最も幅広い年齢層に高い普及率を誇っています。少なくとも10代～60代前半くらいまでは、すべての層で最も利用者が多

図表1　他のSNSと比較したLINEの強み

強み	他のSNS	LINE
ユーザ数	○	◎
情報伝達力	○	◎
情報拡散力	○	△

いコミュニケーションツールになっています。理由のひとつに、家族や友人でメールを使わずLINEのみを利用する人が増えているため、LINEを覚えざるを得ないという点が挙げられます。

◆企業で活用するにはまずLINE公式アカウントから

LINEには、メッセージのやりとりだけではなくSNSとしてのさまざまな機能が存在します。他のSNSと比較したLINEの強みは図表1のとおりです。特に企業にとって、最もマーケティング価値の高い機能がLINE公式アカウントです。

ホーム投稿を行なうと、LINE公式アカウントに登録してくれたファン（LINEでは、友だち登録という）のタイムラインに、その投稿を流すことができます。

しかし、LINE公式アカウントの真骨頂は、一括メッセージの送信機能です。友だち登録をしてくれた人たち全員に、一括で直接メッセージを送ることができます。メッセージには自社のWebサイトのURLリンクを入れたり、画像を利用したりできます。つまり、メールマガジンのように、キャンペーン情報を自由に直接送付できるのです。この一括メッセージは、通常のLINEの連絡と同じように、スマートフォンにプッシュ通知がくるため、非常に目に留まりやすいです。LINEの公式情報では、60%の開封率があるということです。現在、一般のメールマガジンの開封率は10%以下といわれており、それに比べると驚くべき開封率です。他にも、クーポンの発行機能もあり、全員が使えるものか抽選型かを選べます。

LINE公式アカウントの基本料金は無料です。月間の総配信数が1,000通を超える場合は月5,000円の有料プランに加入する必要がありますが、効果を考えると決して高くはないでしょう。

◆LINE公式アカウントの登録者数の増やし方

至れり尽くせりのLINE公式アカウントですが、問題はあなたのLINE公式アカウントの友だち登録をどうやって増やすかです。主な方法は２つあります。

１つは、あなたの会社の公式Webサイトや、ブログなどの目立つところにLINE公式アカウントの登録を促すバナーを貼り付けることです（図表2）。QRコードを貼り付けることもできるので、スマートフォンからスムーズに登録してもらうことが可能です。メールマガジンや、LINE以外に運用中のSNSでも登録を促す告知をすると効果的です。

もう1つは、店舗運営者や、イベント開催事業者であれば、店頭や会場などで登録を促すように声がけをしてチラシを配るというリアルでの活動です。飲食店や、アパレルなど、現在LINE公式アカウントを活用しているビジネスの多くは、このように店先での登録を促すように、しっかり活動を行なっています。対面による登録の

図表2　LINEの登録を促すバナー

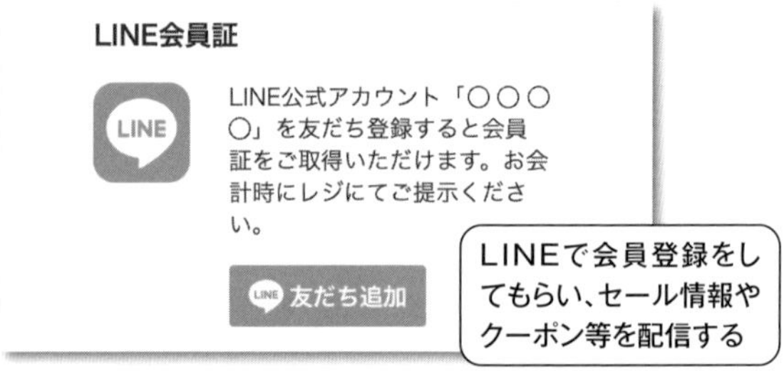

LINE会員証

LINE公式アカウント「○○○○」を友だち登録すると会員証をご取得いただけます。お会計時にレジにてご提示ください。

LINEで会員登録をしてもらい、セール情報やクーポン等を配信する

図表3　無料サービスは友だち登録率を上げるのに効果的

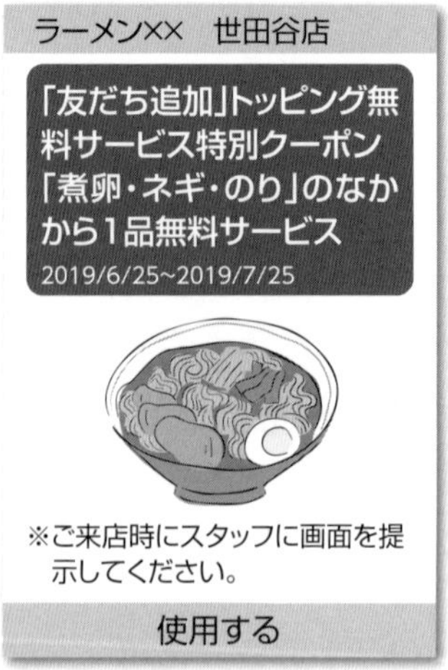

ラーメン××　世田谷店

「友だち追加」トッピング無料サービス特別クーポン
「煮卵・ネギ・のり」のなかから1品無料サービス
2019/6/25~2019/7/25

※ご来店時にスタッフに画面を提示してください。

使用する

ほうが、登録者の質も高く、事業内容によってはこの登録方法を主力に考えるべきです。登録者にはドリンクの無料サービスや割引券をつけるなど、メリットがあると圧倒的に登録率が上がります（図表3）。

LINE公式アカウントの友だち登録は、あなたが思う以上に登録者の抵抗感は少ないです。アパレルや飲食など、すでに利用が活発な業界では、LINE公式アカウントと通常のメールマガジンのどちらかの登録を促すと、LINE公式アカウントのほうが、一般的に7倍〜20倍程度の高い登録率がみられます。LINE公式アカウントについてはTwitterやFacebookのようなSNSというよりも、登録率が高く開封率の高いメールマガジンと考えてもよいでしょう。

◆アンケートや採用活動にも使えるLINE公式アカウント

他にも、友だち登録をしてくれた人に、一斉に送信することが可能な「リサーチページ」というアンケート機能があります。

クーポンなどを配布したうえで、このアンケートを送付すると、他の媒体と比べて非常に高い回答率を得られます。

通常、Webアンケートなどを行なうには、費用や手間や時間がかかるものですが、LINE公式アカウントを利用すれば大幅なコスト削減になります。

また、新卒採用や、中途採用、アルバイトなどの採用のためにLINE公式アカウントを運用するのも非常に効果的です。採用Webページにも、LINE公式アカウントの登録を促すバナーを貼り付け、登録者には最新の採用情報や自社に関する情報（働いている人の取材インタビュー）などを配信することで、LINE公式アカウント経由の採用者を増やすことができます。実際に筆者が関わったプロジェクトでも、パート採用を目的としたキャンペーンでLINE公式アカウントの採用アカウントを運用したところ、LINE公式アカウント登録者やその後の採用エントリーで、年齢層を問わない効果が感じられました。

5 小さな会社のInstagram活用の基礎知識

利用者増加中の、Instagram。
タグを上手に活用して閲覧者を増やす

◆企業や店舗の売り込みでも嫌われない

国内で特にユーザーが急激に増えているのが、Instagramです。10代、20代の比率が高く、主要なSNSのなかでは特に若年層がアクティブに利用しています。とはいえ、30代、40代のユーザーも多く、年齢バランスのよいSNSでもあります。

Instagramの特徴は、写真や動画を主体としている点です。必ず写真か動画をシェアする必要があり、投稿のなかに外部サイトへ誘導するリンクを張ることができません。もし自社やそのサービスに興味をもってもらえたら、Instagramのプロフィールページや、Google検索などを経由して自社ホームページにアクセスしてもらうことになります。

こうした構成であるためか、写真や動画のクオリティが高く、閲覧者にとって不快なものでなければ、堂々と商品やサービスを紹介しても、ユーザーのInstagram体験を害することはなく、好意的なリアクションを得られやすいのも特徴です。

◆説明文の充実とタグマネジメント

おいしそうなスイーツや、ハワイでの挙式写真など、いわゆる「インスタ映え」する商品やサービスとの相性がよいというのが数年前までの一般的な認識でした。ところが近年は、投稿者のスキルが上がり、美しい写真の投稿が増えるにしたがって、写真のクオリティだけでなく、投稿の内容や説明文の充実した、ユーザーに役立つ投稿が支持される傾向が強くなってきています。

Instagramは Twitterと異なり、投稿できる文字数の上限も2,200文字と多いです。いわゆるミニブログ的なコンテンツといってもよいでしょう。たとえば、必ずしも写真が映えるわけではないけれども、使ってみて効果が高かった化粧品やユニークな文房具などを、利用者の視点で解説するといったようなコンテンツが支持されています。

この場合は、内容だけでなく「誰が」その内容を発信したかも重要になります。有名なインフルエンサーが使っている日用品を知りたい、舌の肥えた有名な飲食店の店長が紹介するおすすめの飲食店を知りたいなど、その人（会社）が紹介するからこそ意味があるという視点が重要です。

◆Instagram検索に対応したタグマネジメントが重要

Instagramは現在、Google のような検索ツールとしても活用されています。検索のキーとして利用されるのが、「ハッシュタグ＃」です。「#」でタグ付けしたキーワードでの検索を可能にするもので、投稿に対して、投稿者が自由につけることができます。たとえば、草津温泉に関する投稿だったら「＃草津　＃草津温泉　＃温泉好きな人とつながりたい」といったように関連するタグを複数付けることができます。タグは１つの投稿に対して30が上限です。

多くのInstagramユーザーは、このタグで情報を調べます。たとえば筆者は、観光地を訪れる前に必ずInstagram でその地域の名前や代表的な観光スポットのタグを検索します。そうすると、カタログやGoogleで検索して出てきた観光ガイドよりも格段に多様な視点で、現地の写真や動画を見ることができます。

いわゆる「インスタ映え」しやすい写真の撮影スポットも事前に把握することができます。検索結果も、「いいね！」が多い人気の投稿を中心に表示する「トップ」と、新しい投稿が順に並んで表示される「最近」をタブで切り替えることができます。（図表１）

Googleや Yahoo! の検索結果だと、必ずしも最新の情報でなかったり、旅行代理店など利害関係のある企業が作成したコンテンツであるために都合のよい情報ばかりで一般の旅行者の視点が欠けていたりするケースが少なくなく、Instagramでの検索を好むユーザーも増えています。

そのため、投稿に際して重要となるのが、タグマネジメントです。タグは、商品やサービスの設計時点で勝負が決まってしまいます。

まず、ユーザーがタグとして入力しにくい商品名やサービス名では、ハッシュタグを付けた投稿はなかなか増えません。

また、ほかに類似したものがありそうな名称では、タグがかぶってしまって、複数の検索結果が入り乱れてしまいます。

加えて、特徴を捉えにくい名称も避けるべきです。たとえば、飲食店オーナーが新しいスイーツを開発したとします。その名称が「YN23 グッドCake」みたいなものではタグにはまったく向きませ

図表1　Instagram検索の例

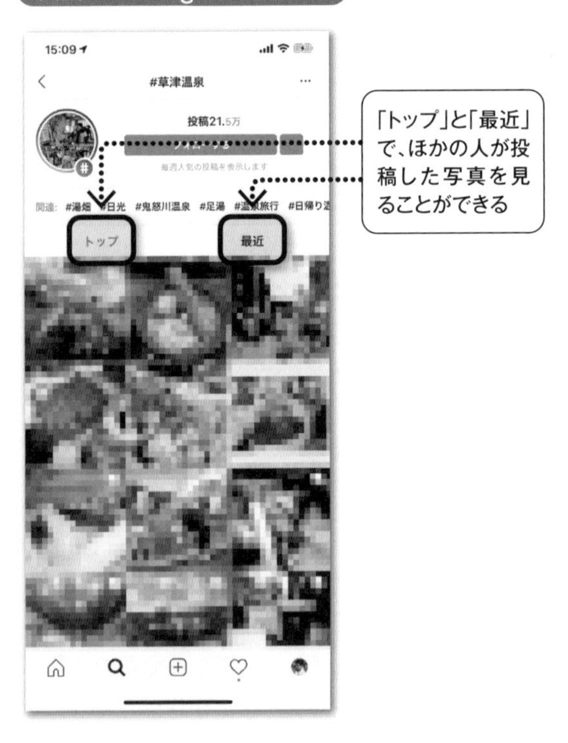

ん。カタカナと数字、英語の大文字、小文字が混在していて、入力しづらく、名称も覚えにくいです。一方で、「谷中レインボーマフィン」のようなわかりやすい名称だと、混乱なくお客様がハッシュタグを付けて投稿をしてくれます。

タグで検索する際には、2文字、3文字と入力していくと、タグ付けしている人の多いタグも候補として自動で表示されます。たとえば、ファンが増えてくれば、谷中を訪れる（予定の）観光客が「谷中」と入力した際に「谷中レインボーマフィン」が候補として表示されるようになります（図表2）。商品開発の際は、これらの点も意識するとよいでしょう。

図表2　検索結果の候補の例

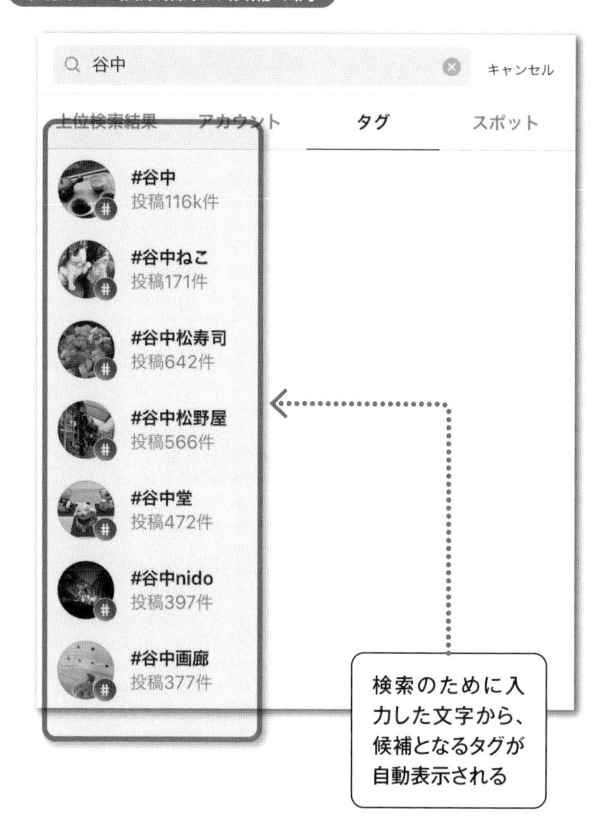

6 Twitter・Facebookを公式サイトと連動させる方法

ソーシャルメディアの更新情報で公式サイトを活性化しよう

◆公式WebサイトにTwitterのタイムラインを表示させる

Twitterの最新のタイムライン（つぶやき）を公式Webサイトに表示させる手順は、下記の通りです。

❶以下のURLにアクセスし、テキストボックスに表示したいTwitterアカウントのURLを入力して「→」ボタンをクリックする。
https://publish.twitter.com/

❷「Embedded Timeline」を選択する。

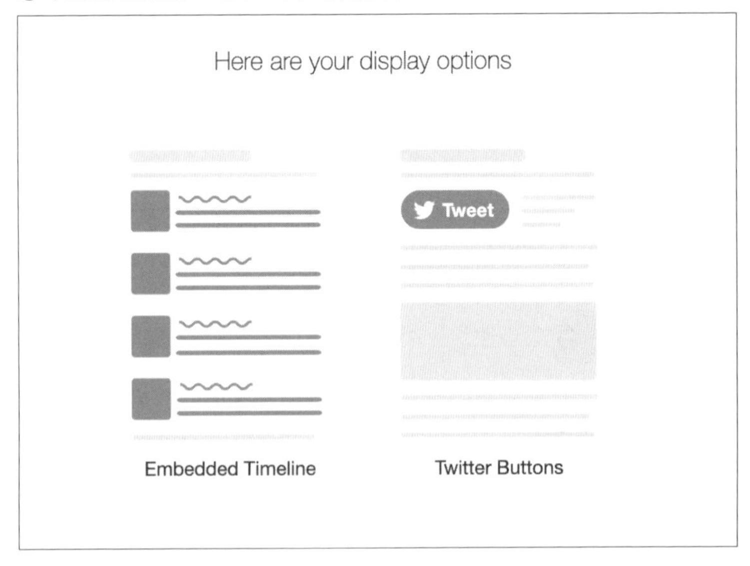

❸サンプルの画像が表示されるので確認後、「set customization options.」のリンクをクリックする。

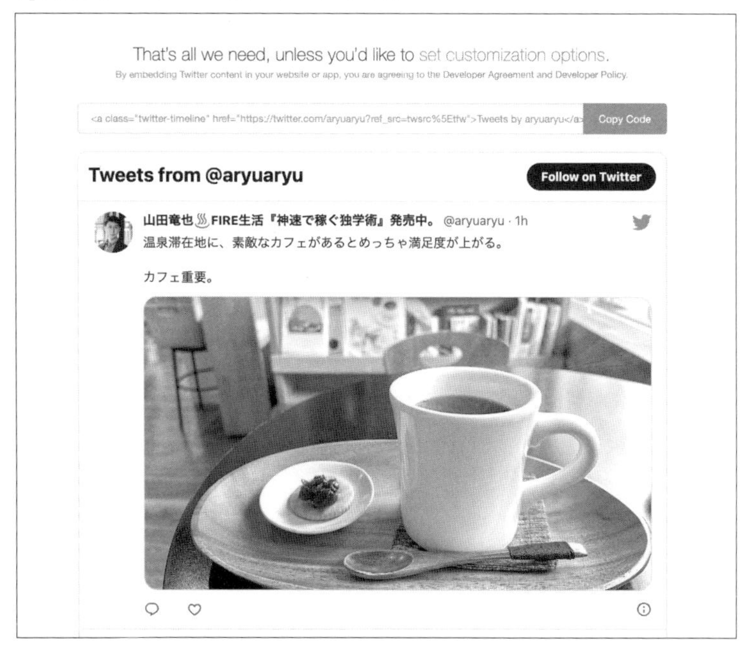

❹サイズや、表示形式、言語などをカスタマイズできるので、自分のWebサイトに合うサイズにHeightとWidthを合わせて「Update」ボタンをクリックする。

What size would you like your timeline to be?

Height (px) Width (px)

How would you like this to look?

Light

What language would you like to display this in?

Automatic

☐ Opt-out of tailoring Twitter [?] Cancel Update

❺「Copy Code」をクリックするとコードがコピーされるので、Webサイトの HTML ファイルに貼り付けることで設定したTwitterのタイムラインが表示されるようになります。

<a class="twitter-timeline" href="https://twitter.com/aryuaryu?ref_src=twsrc%5Etfw">Tweets by aryuaryu</a> Copy Code

◆ 公式WebサイトにFacebookページのタイムラインを表示させる

Facebookページの最新のタイムライン（投稿）を公式Webサイトに表示させる手順は、下記の通りです。

❶以下のURLにアクセスし、「FacebookページのURL」に表示したいFacebookページURLを入力して「→」ボタンをクリックする。
https://developers.facebook.com/docs/plugins/page-plugin/

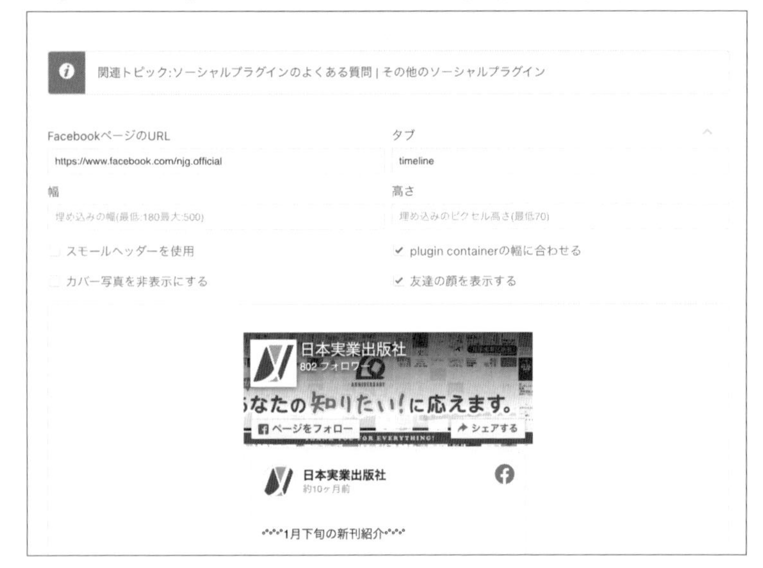

❷画面下部に、サンプルが表示されるので確認し、「幅」と「高さ」に自分のWebサイトに合うサイズを入力して調整を行なう。

❸画面下部の「コードを取得」ボタンをクリックするとコードがコピーされるので、Webサイトの HTML ファイルに貼り付けること

で設定したFacebookページのタイムラインが表示されるようになります。

◆ 公式WebサイトにInstagramアカウントのタイムラインを表示させる

Instagramについては、現在公式のツールが提供されておらず、WebサイトにInstagramアカウントのタイムラインを表示させようとする場合は第三者のツールを利用する必要があります。おすすめはSnapWidgetやLightWidgetなどです。

機能に一部制限がありますが、無料でもタイムラインを作成することが可能です。

●SnapWidget（https://snapwidget.com/）
●LightWidget（https://lightwidget.com/）

7 小さな会社の集客につながるブログ活用の基礎知識

多くの企業がソーシャルメディアに注目する今こそ、ブログの効果を見直そう

◆ブログ運営の本当の意味とは？

現在、多くの企業がここまで触れてきたTwitterやInstagramなどのソーシャルメディアに注目しており、ブログを活用している企業は相対的に少なくなっているようにみえます。

ただ、そういう今だからこそ、企業のブログ活用を見直すことをおすすめします。ブログは、長い文章を定期的に更新する必要があるため、相性が合わない場合もあるでしょうが、次のような利益に直結するメリットがSNSよりもわかりやすいのです。

①メインサイトで更新しにくい話題に触れることができる

メインサイトでは扱いにくいカジュアルなネタでも、ブログであれば気軽に更新できます。「自社商品を電車の中で使っている人がいた」「話題にしている人がいた」などといったスタッフの日記やお客様との雑談などのトピックでも記事として更新しやすいのです。

ブログでしか更新できない魅力的な記事を増やしていければ、自社のファンを新たに獲得し、結果的にWebサイト全体のアクセスの増加につながるでしょう。

②商品と直接関係ないが見込み客が探している情報を提供できる

たとえば、会計ソフトを提供している会社が、会計ソフトに関係する情報だけでなく、経理の情報や起業に関する情報などをブログで発信することで、見込み客となる人たちをWebサイトに集めることができます。

③簡単に更新できる

当然ながら、ログインの権限とインターネット環境さえあれば、誰でもどこからでも更新ができます。

①から③は、SNSももっているメリットです。

④検索エンジンからアクセスを集めやすい

TwitterやInstagramの投稿もGoogleなどの検索結果に表示されますが、検索エンジン対策では、圧倒的にブログに分があります。内容にもよりますが、記事を増やせば増やすほど、徐々に毎日のアクセス数が増えるため、日々の努力が長期的に実りやすいのです。

TwitterやInstagramが、お客様を囲い込んで育てていくメディアであるとすれば、ブログは、新しいお客様をどんどん引っ張ってくるメディアだといえるでしょう。

⑤WebサイトへのSEOとして有効

ブログは、Webサイトのサテライトサイト（被リンク用サイト）としても非常に強力に作用します。第3章でも触れましたが、Webサイトの検索順位をアップさせるためには、関連性の高いサイトからリンクを張ってもらうことが有効です。

会社で運用するブログは、おそらく公式Webサイトと極めて関連性の高いサイトになりますから、リンク先として大変有効になるわけです。ブログがアクセス数の多い強力なものに成長していけばいくほど、Webサイトの検索結果にもプラスに働きます。

そのほか、ブログ記事は話題になりやすく、他のブログで紹介されたり、SNSで話題になったりするなど、サイテーションをもらいやすい傾向があります。

◆ あらゆる業種に対応できるのも魅力的

ブログは業種を選ばず効果があるメディアでもあります。たとえば企業間取引や、めったに購入されないような高額商品でも、商品の魅力を詳しく解説した記事を書いておけば、すぐに反応がなくても、数か月後にアクセスが集まるということが起こりえます。

8 集客を目指すブログ用の検索エンジン対策（SEO）

**「タイトルの付け方」で
検索順位は大きく変わる**

◆ブログのタイトルがそのままタイトルタグになる

ブログを運営する以上、SEO対策を施して、少しでもアクセスを増やす必要があります。

「検索エンジンが好むWebサイトの構成とは？　内部施策のポイント①」（→89ページ）で触れましたが、SEOでは、HTMLの「タイトルタグ」に含まれるキーワードが重要です。ブログの場合は、タイトルがそのままタイトルタグに反映されることがほとんどです。「ライブドアブログ」「アメーバブログ」など大手無料ブログサイトでは、「ブログのタイトル＝タイトルタグ」と考えてよいでしょう。

アクセスを集めることができるタイトルのポイントは、「そのキーワードで検索をする人がいるかどうか」です。たとえば美味しいイタリア料理の感想をブログに書く場合で考えてみましょう。

「今日は素敵な日でした♪」「美味しいご飯を食べました！」といったタイトルはダメです。

検索されやすいキーワードが入っていないだけでなく、タイトルを見て内容が想像できません。

たとえば「先週の料理番組で紹介された○○で、噂の○○ピザを食べてきました」といった具体的な内容を記せば、その料理番組を観た人や噂を聞きつけた人がお店やメニュー名で検索し、あなたのページにたどり着く可能性が生まれるわけです。

次のポイントを押さえると、検索されやすいタイトルになります。

●有名なお店の名前、商品名、芸能人の名前、話題になっているニュースなど検索されやすいキーワードを混ぜる

●複数のキーワードを組み合わせる
●意味がハッキリせず、誰も検索しないようなタイトルは避ける

◆担当者が「向いている」メディアを活用しよう

ITに詳しくても、継続的に文章が書ける力がないと、ブログで成果を出すのはむずかしいかもしれません。TwitterやInstagramのような短い投稿のほうが能力を発揮する人もいるでしょう。

どのメディアを使うのが論理的に一番効果があるかと考えるより、担当者にとって一番楽しく続けることができるメディアに力を入れるほうが、結果的に高い成果を発揮できることが多いものです。

また、「社長ブログ」など会社の代表や特定の個人がブログを運用することも有効です。ただし、取引先と三ツ星レストランで会食した、出張先で外資系高級ホテルに宿泊したなどの記事ばかりを更新してイメージを悪化させるケースもあります。会食が大事な仕事の1つだとしても、読者に与える印象が悪くては意味がありません。読者側の視点に立った活用を心がけてください。

[おすすめのブログサービス一覧]

●ライブドアブログ

ブログ黎明期からサービスが続く老舗。テンプレートの数が豊富で、必要な機能のほぼすべてを備えており「困ったらライブドアブログでOK」といえる柔軟性がある。商用利用も可能。

●アメーバブログ

「フォロー」や「ハッシュタグ」といった会員同士でコミュニケーションをとる機能があり、ブログにSNS機能を加えた独特のサービスになっている。芸能人ブログを数多く運営することでも有名。女性好みのポップでお洒落なテンプレートが多く独自の立ち位置。

●note

アメーバブログと同様「フォロー」や「ハッシュタグ」「いいね」などSNSに近い機能をもつ。note内の他のユーザーの記事に自分の記事が関連表示されることがあり、そこからのアクセスが期待できる。ブログ記事コンテンツを有料で販売する機能もある。

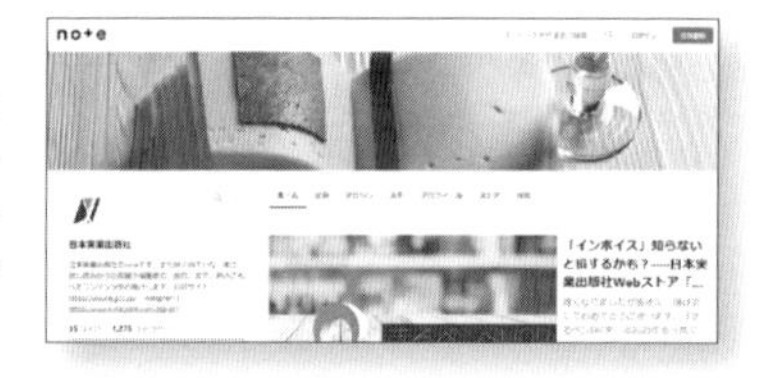

●はてなブログ

シンプルで綺麗なデザイン、ブログデザインを崩さない広告配置など、スマートなデザインが特徴。はてなブックマークというソーシャルブックマークサービスと連動しており、そこからのアクセスが期待できる。記事更新時に自動でFacebookやTwitterに通知が投稿される機能など、ソーシャルメディアとの連携機能などもあり、Web技術の変化にいち早く対応していく意欲がみられる。

9 望ましい運用体制

**コンテンツを使い回して
効率的にWebメディアを運用しよう**

◆作業内容・時間を明確化する

更新担当者は、Web以外の実務との兼業になることも少なくありません。その際注意が必要なのは、月次や週次で、Webサイトの更新にかける作業内容や時間などを明確化することです。

必ず、Web戦略の優先順位を高め、事業計画をつくり、具体的なタスクに落とし込むようにしてプロジェクトとしての形をとるようにしましょう。Webサイトの事業貢献度などを定期的に評価しPDCAを回し続けることで、望ましい運用体制が整えられます。

◆メディアごとに担当を分けて考えない

商品のコンテンツ、ブログ、メールマガジン、FacebookやTwitterなど、それぞれを別のものと考えているWeb担当者は多いです。しかし、それぞれのコンテンツは、見せ方や表現の仕方、閲覧者から好まれるポイントが若干異なるものの、あなたの「Webサイトのよさを活かして、お客様から喜ばれるコンテンツを提供する」という点において本質的に変わるところはありません。

実際に、見返してみると、ブログ、メールマガジン、商品ページや、Instagram、Twitter、LINE公式アカウントなどで、重複するものや使い回せるものが多いこと、そもそも、完全に別に運用すると非効率な点の方が多いことに気がつくはずです。

もし、あなたの会社が、これらの担当をバラバラに据えているのであれば、すぐに「Twitter担当」「Instagram担当」「ブログ担当」

「メルマガ担当」のような役割をやめて、「コンテンツ担当」という役割に統合しましょう。もし複数人必要であれば、「コンテンツチーム」として、結成し直すことが望ましいです。

筆者の経験では、細かく担当を分けずに、コンテンツ全般の担当者がいるサイトの方が、ソーシャルメディアの活用がスムーズな印象を強く受けます。

ソーシャルメディアの運用がうまくいかない企業の特徴は、個別のメディアの効果にこだわりすぎることと、それぞれを別のものとして定義しすぎることです。そのことによって、更新が非効率になるだけでなく、短期で効果が出ないとモチベーションが続きにくくなります。

◆ コンテンツは通常業務から集める

Webサイト全般の「コンテンツを充実させる」という考えで、事業全体を見回してみましょう。意外なところに、コンテンツのネタは落ちています。

ECサイトの場合を考えてみましょう。たとえば商品ページの写真。サイトに掲載するのは撮影したなかから厳選したものだけで、使わなかった捨てカットのなかには、ブログやSNS用に使えるものがあったりします。お客様アンケートや、顧客からのメールのなかに、ブログやメールマガジン、Twitterの素材に使える情報があるかもしれません。スタッフが愛用している商品や働いている様子、四季のイベントの写真なども、TwitterやInstagram、ブログ記事なら有効なコンテンツになり得ます。実店舗がある場合は、店舗の写真を載せるだけでも臨場感が出ます。

これらを商品ページに使うにはクオリティに問題があるとしても、SNSなどの投稿にはもってこいです。

このように、通常の業務フローのなかにもコンテンツの素材を集められる機会はたくさんあるのです。

◆ コンテンツ活用の方法

さて、このようにコンテンツを集めたら、次に、どこにどんなコンテンツが使えるか考えてみましょう。

たとえばECサイトの場合、商品ページは、写真のクオリティが要求されます。商品説明の文章もそれなりのクオリティが必要です。一方で、LINE公式アカウントやTwitter、Instagramのリールやストーリーズなどは、ちょっとした感想や、スマートフォンで気軽にとった写真など、使える素材のバリエーションが圧倒的に増えます。複数の写真や長文でしっかりしたブログ記事を書いている場合、記事を分割したり、写真を一つひとつ投稿したりしていけば、ソーシャルメディアでは複数回分の投稿になります。

また、ブログのリンクをTwitterやFacebook、LINE公式アカウントで共有して、一言コメントを入れるだけで十分にコンテンツになります。ブログ記事は、SEOによる検索エンジンからのアクセスも期待できるため、コンテンツの起点としては大変有効です。ブログ記事は、商品ページとは異なり、そのままソーシャルメディアにコンテンツを利用しても売り込み臭が少なく歓迎されやすいです。

ソーシャルメディアオリジナルの素材を一から考えなくてはいけないと考えなければ、更新は、かなり楽というのが実際のところです。

逆に、ソーシャルメディア用に集めた写真や、お客様からのコメント、スタッフのコメントの中に、商品ページを充実させるアイデアが隠れている場合もあります。

ソーシャルメディアだから特別なことをやるという発想ではなく、通常の業務のフローの中から、コンテンツの素材を集める、つくるためのチャンスをいかに増やせるかを考え、全体的なコンテンツの運用を考えていくことで、本当にお客様にとって楽しめるコンテンツを配信できるようになるでしょう。

◆情報を一元化して自由に素材を使える状態に

素材があらゆるところにあるといっても、複数の人間が関係する場合は、簡単に素材が手に入るしくみをつくることが重要です。

商品写真の捨てカットは、撮影担当者にとっては不要であるため、本人のパソコンの奥深くに眠っていて、更新担当者が手に入れられないこともあり得ます。

それを解消するためには、可能な限り、コンテンツとなるような素材に関係がある人たちで、Google ドライブやDropbox といったファイルの共有ツールを使って、写真や文章などを関係者全員で共有することです。

とにかく、「◯◯さんに話をして許可を得ないと、素材が使えません」など社内調整で時間がムダにならないようにし、いつでも「更新担当者」が利用できる素材がどこかに集まっている状態がつくれれば、Webサイトはにぎやかなものになり、集客につながるでしょう。

◆ コンテンツの動画化

オンライン上での動画コンテンツも一気に普及してきています。Amazon Prime VideoやNetflixなど、月額制で動画見放題のサービスで、ドラマやアニメなどを見るユーザーが急増しています。

またYouTubeでは、エンタメから、教育、ビジネス、教養までさまざまなジャンルの動画のバリエーションが増えており、閲覧者も増えています。

スマートフォンを使って手軽にスキマ時間で動画を見られるようになったことや、Web会議のようにWeb上で顔を出してやりとりすることに抵抗がなくなってきていることも、大きく影響しています。自分で動画配信を行なう人たちも増えています。

企業でも、Webサイトをつくるなかで動画のコンテンツを埋め込んだり、集客チャネルの一つとしてYouTubeチャンネルを解説したりするなど、動画を用意することが一般的になってきています。

これまで主流だった文章や画像のコンテンツとはまた違ったノウハウが求められるため、早いうちに手をつけていくことをおすすめします。

コンテンツ活用のフロー

コンテンツの更新担当者を決める	Twitter、Instagram、ブログなどバラバラだった担当を統合

業務プロセスのなかで素材がどこにあるかを洗い出す	● ボツになった商品写真／● イベントで撮った写真 ● お客様からの声／● 社内の日常風景

素材を1か所に集める	Google ドライブや、Dropbox など、ファイルの共有ツールを使って、1か所に、素材を集める

起点となるコンテンツを決める	ブログ、商品ページなど、情報量が多く、使い回しのしやすいメインとなるコンテンツを決めると楽

素材の割振りを行ないコンテンツを作成	Twitter、Instagram、ブログなどそれぞれの特性に合わせて素材を割り振りコンテンツを作成

コンテンツ活用の方法

● ボツになった商品写真　● イベントで撮った写真　● お客様とのやりとり

説明	メインコンテンツ	SNS等	説明
商品コンテンツの写真は、クオリティが高いのですべてに活用できるSNS の投稿から、商品コンテンツを充実させるヒントも	商品コンテンツ	Instagram	●ブログのコンテンツを分割して投稿 ●スタッフの日常の風景を投稿 ●四季のイベントを投稿 ●商品情報を投稿
SEO にも効果的なほか、メルマガ、SNS すべてに使い回せる売り込み色が少なくSNS への再利用向け	ブログ	Twitter	●ブログのリンクを投稿 ●商品情報を限定して投稿 ●簡易なお客様対応に利用
普段から、ブログやSNS を更新しているとメールマガジンの小ネタに困らない	メールマガジン	LINE 公式アカウント	とっておきの商品や、期間限定のセールに関係するコンテンツを厳選して月1回投稿

意識して集める素材

● 社内の日常風景　● 四季のイベントの様子
● スタッフによる商品の利用　● ミニ日記

Book Guide　4 章の内容で参考にしたい本

01

SNSマーケティング はじめの一歩 無理なく成果を出し続ける運用のコツ

[技術評論社]

はじめて企業でSNSを始める担当者向けにわかりやすく書かれている。どのSNSから手をつけていいかわからない人向け。

02

ゼロからわかるビジネスInstagram 結果につながるSNS時代のマーケティング戦略

[SBクリエイティブ]

ユーザー増加中のInstagramに特化した一冊。Instagramのしくみから反応のよい写真のとり方まで初学者向けに解説している。

03

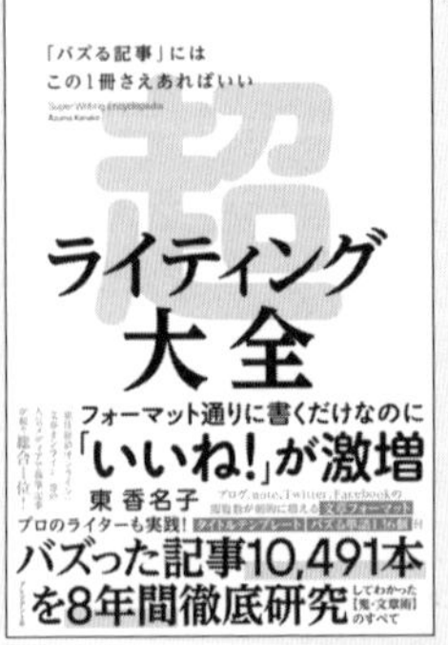

超ライティング大全 ――「バズる記事」には この1冊さえあればいい

[プレジデント社]

SNSで話題になりやすい投稿や、ブログ記事の書き方について書かれている。読んですぐ実行できるフレーズが多い。

1 専門知識や商品知識をSNSで公開する

三和メッキ工業

ホームページ　http://www.sanwa-p.co.jp/

Facebookページ　https://www.facebook.com/sanwaplating

Instagram https://www.instagram.com/mekkidanshi/

Twitter　https://twitter.com/mekkidanshi

ブログ https://blog.sanwa-p.co.jp/shimizu/

TikTok　https://www.tiktok.com/@mekkidanshi

「三和メッキ工業」のWebサイトの活用法は、それぞれのコンテンツに相乗効果が働くよう上手に「しくみ化」されている点において、小さな会社のWeb運用における参考情報の宝庫です。とくに注目すべき点は以下の3つです。

①商品知識、技術に関する知識を出し惜しみしない

文字から写真まで数千ページ（！）にわたってメッキに関する情報をWebサイトに掲載しています。メッキ関連の情報を検索すると、ほぼ確実に三和メッキ工業のサイトにたどり着きます。

専門知識の高い業種では、自社の知識やノウハウを発信しない会社が多い中で、徹底的に情報公開する方針で知名度をアップさせ、ブランディングに成功しています。

企業からすれば、「タダで情報を公開したくない」という向きが強くなるのも無理はありませんが、訪問者（顧客の候補）の立場からすると「これだけたくさんの情報を公開できるなら、かなり知識と技術力の高い企業だ」と思ってくれる可能性は高まります。情報を無料で提供することが利益につながるという、長期的な視点をもったことが勝因だといえます。

「公開するほどの情報量がない」と思っている方も、ぜひ三和メッキ工業のWebサイトを閲覧してみてください。まだまだ自社にも工夫の余地があることに気づけるはずです。

②Q&Aで定期的にコンテンツを増やし続けるしくみがある

読者に役立つ質の高い情報を増やし続けるためには、その都度場当たり的に情報を流すのではなく、同じペースでコンテンツを更新し続けるためのしくみをつくる必要があります。

三和メッキ工業では、Q&Aを設けることで、お客様が知りたい情報や疑問に思っている情報を集めて発信し、Web上でも検索されやすいよう工夫しています。

また、Q&Aを追加するたびに定期的にFacebookやTwitterで投稿できるため、コンテンツに困ることがありません。

三和メッキ工業

③社員の「顔」と「キャラクター」を前面に出している

三和メッキ工業では、スタッフのキャラクターをSNSやブログを使ってうまく出しています。更新しているSNSは、Facebook、Twitter、Instagram、TikTokとさまざまで、特にInstagramでは仕事の様子や、メッキ加工の知識など積極的に発信していて閲覧者の愛着のわく「顔の見える化」戦略をとっているのです。

最近では、デザイン自体はキレイに整っているWebサイトが増えています。その中で自社サイトを印象づけようと思えば、独自のキャラクターや働いている人たちの顔をしっかり出していくことは、差別化として大変有効になるという好例です。

2 必要な情報に集中した、ブログとSNSの活用

認定NPO法人 かものはしプロジェクト

ホームページ　https://www.kamonohashi-project.net/
ブログ　https://www.kamonohashi-project.net/blog/
Facebookページ　https://www.facebook.com/kamonohashi.project/
Twitter　https://twitter.com/kamonohashiprj
LINE公式アカウント　https://page.line.me/gts1270m?openQrModal=true

①王道ともいえるブログとSNSの活用

かものはしプロジェクトは、インドでの人身売買と日本の児童虐待を防ぐ活動をしている認定NPO法人です。ブログを軸に、TwitterやFacebook、LINE公式アカウントなどのSNSを運用しているのですが、フォロワーも多く活発に運営がされています。

特に、更新の内容が、法人の活動として本質的な情報に集中しています。イベントの告知や、活動報告、サポーターへのインタビュー、スタッフやインターンの募集など、事業にピンポイントに必要な情報をブログで更新した上で、それらへのリンクをSNSを利用して配信しています。奇をてらうことなく、外部に広報すべき情報を過不足なく発信していることから、私達がどのような情報を外部発信するべきなのかヒントになります。

②訪問者に共感してもらいやすい工夫

かものはしプロジェクトがすごいのは、共感を引き起こすクリエイティビティの高さです。ブログでの活動のレポートでは、文章力の高さもさることながら利用している写真のクオリティやセンスも非常に高く、読み手を引きつけるものになっています。

寄付によって活動が成り立っているNPOは、無形のものに対して金銭的な支払いをしてもらう必要があり、実物の商品を売り買いする以上に、強く気持ちに働きかけなければいけません。そのためのライティング技術や写真の技術は大変参考になるでしょう。

かものはしプロジェクト

認定NPO法人 かものはしプロジェクト

1.2万 件のツイート

戻る

フォロー

認定NPO法人 かものはしプロジェクト

@kamonohashiprj

「かものはしプロジェクト」は、子どもが売られない世界をつくるために活動するNPO/NGOです。2002年に活動を始め、現在15,000人を超えるサポーター会員に支えられインドと日本で活動しています。「子どもが売られない世界はつくれる」という思いのもと、スタッフ、インターン生メンバーがつぶやきます♪

東京都渋谷区　kamonohashi-project.net

2010年3月からTwitterを利用しています

8,120 フォロー中　**1.1万** フォロワー

3 圧倒的な多展開による メディア活用の成功例

北欧、暮らしの道具店

ホームページ　https://hokuohkurashi.com/
Twitter　https://twitter.com/hokuoh_kurashi
Instagram　https://www.instagram.com/hokuoh_kurashi/
LINE公式アカウント　https://page.line.me/dce2178s
YouTube https://www.youtube.com/user/infohokuohkurashi
ポッドキャスト　https://open.spotify.com/show/3xwfFTjeoYyUYPinWv6AUF
ブログ　https://hokuohkurashi.com/note/94614

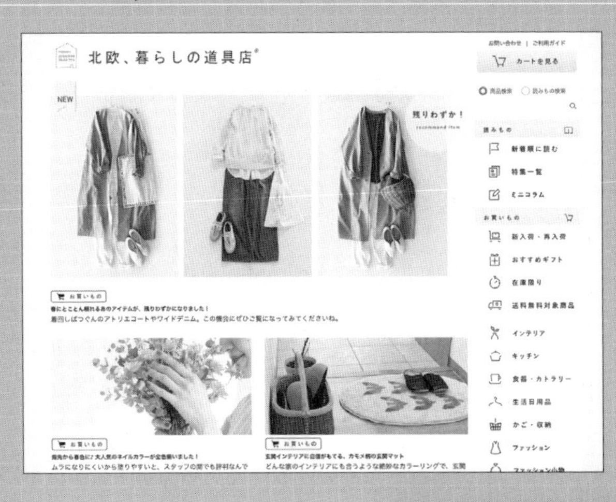

北欧、暮らしの道具店

①ECサイトのメディア活用の究極形

「北欧、暮らしの道具店」は、ECサイトなのですが、もはやECサイトというよりひとつのメディアといっていい存在になっています。中小企業というレベルを超えたSNSの閲覧者数ではありますが、活用例としてはこの上なく私たちの参考になります。

主力となるさまざまなSNSで情報発信しており、それぞれで多くのフォロワーを抱えています。特に125万人を超えるフォロワーがいるInstagramは、新商品の紹介をすると即時にその商品が売り切れてしまうほどの影響力があります。

Instagramに投稿されている写真の撮り方や、解説文などのクオリティは大変役に立ちます。SNSの商品説明文では、飛び抜けたメッセージではなく、地に足のついた説明が多いですが、それでも商品力と写真のクオリティで売上につながるということがわかるでしょう。

②他の企業がまだあまり取り組んでいない新しいメディアにも挑戦

北欧、暮らしの道具店では、本書ではほとんど触れていないYouTubeやポッドキャストでもコンテンツを配信しています。どちらの媒体も、企業がうまく活用できている例は非常に少なく大変参考になります。YouTubeでは200万回以上再生されている動画もあり、立派な人気チャンネルに育っています。企業がYouTubeでどのようなコンテンツを配信すればいいのかの勉強になります。

また、ポッドキャストでもスタッフのラジオトークを配信しており、直接商品販売などはしていませんが、スタッフの顔がみえる好感度の高いコンテンツを提供しています。

5

即効集客Web広告&リピーターを獲得するメールマーケティングの手法

小さな会社がWebサイトで成功するための秘訣は、じつは「Web広告」と「メールマガジン」にあります。どちらも、少額の予算から始められる強力なツールであり、運用ノウハウによって結果に何倍もの差が出るものでもあります。リスティング広告を利用した費用対効果の高い運用方法、メールマガジンで思わず反応してしまう文章術、ツールの利用法など、リピーターを増やすテクニックを確認しましょう。

1 Web広告の基礎知識

**主要な広告媒体の特性を理解して
自社にあった広告を出稿しよう**

「広告費を支払う」ということ自体に大きな抵抗がある企業は多いかもしれません。中小企業であればなおさらで、Web広告というと、さらによくわからないイメージがあるかもしれません。しかし、Web広告はむしろ中小企業と極めて相性のよい集客媒体なのです。

◆ テレビ広告を凌駕するWeb広告のマーケット

Web広告の国内マーケットは年々大きく成長していて、2021年では2兆7,052億円（前年比121.4%）となっており、すでにテレビCMの広告費1兆8,393円を完全に追い越しています。多くの企業は、

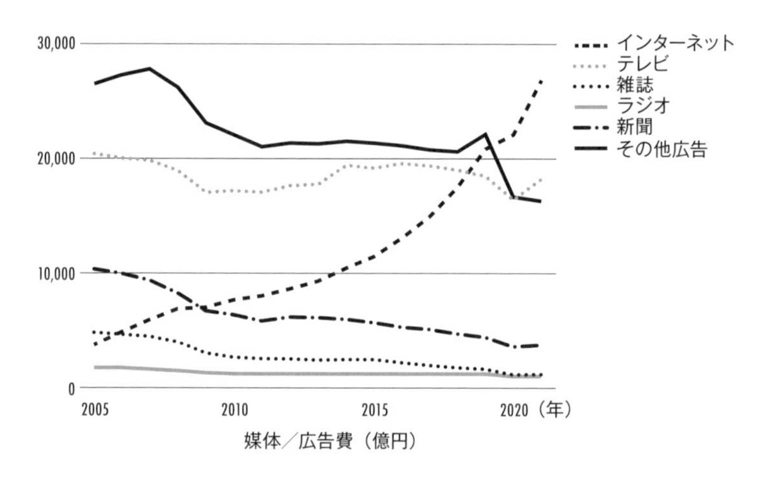

（参考）電通日本の広告費
https://www.dentsu.co.jp/news/release/2022/0224-010496.html

広告を適当に出しているわけではなく、費用対効果をシビアに測っています。そのうえでWeb広告は効果が高いと考えている企業が多いのです。

◆リアル広告や比較サイトとはまったく異なるWeb広告のメリット

Web広告と対極にあるのが、新聞、雑誌やフリーペーパー、テレビなどのリアル広告です。リアル広告では、一定額の広告費を支払い、媒体側はその成果に責任をもちません。つまり、成果が出なければ費用が無駄になりますし、逆に成果が想定以上によければ、割得になります。

集まったお客様は囲い込みができますが、リアル広告ではどれだけの人が広告から商品やサービスを購入したのかを測定するのは一般的には困難です。しかも、一度出した広告は修正できず、最低でも数十万円単位のまとまったお金が必要になります。「広告にお金を使うのが怖い」と感じるのは、成果も測定できず、やってみなければわからないというリアル広告のイメージが刷り込まれているからではないでしょうか。

一方、Web広告の多くは、クリック課金型がほとんどで、広告がクリックされた回数に従ってお金を払う「準成果報酬型」の広告になっています。なお、動画広告については、一定の閲覧時間で課金されるのが一般的です。たとえばYouTube広告の場合、動画が30秒間（30秒未満の広告であれば最後まで）視聴されると課金されるしくみです。Web広告は、売上までは保証しませんが、あなたのサイトへの集客は保証してもらえるということです。

金額的なリスクが低いのも特徴です。国内での代表的な広告媒体であるGoogle広告、Yahoo!プロモーション広告、Facebook広告などでは、１日に利用する広告費の上限を設定できます。予算を超えると自動で広告が停止され、無理のない範囲で広告を出せるのです。

さらに、広告を出すエリアや、ターゲットを絞り込むことも可能なので、中小企業の少ない予算でも広告を出すことができます。このような手軽さが、Web広告マーケットの成長につながっていると考えられます。

またWeb広告では、広告からアクセスしてきたユーザーを、各広告媒体や、アクセス解析で分析することができ、かなり制度の高い費用対効果の測定を可能としています。これも、Web広告の特徴であり、極めてリスクの少ない集客方法であるといえるでしょう。

◆ Web広告の主要な出稿先

Web広告には、どんな種類があるのでしょうか。まずは、Web広告の出稿先にどのようなものがあるのかを整理してみましょう。

1つめは、GoogleやYahoo! Japanの検索エンジンの検索結果上部に表示される「検索連動広告」が挙げられます。各社の提供する広告ツールから出稿することになりますが、実に、この広告だけで国内のWeb広告利用額シェアの約40%を占めます。ユーザーが商品やサービスを検索エンジンで探しているタイミングで、その内容に関連したぴったりの広告が表示されます。また、見た目が検索結果の表示とほぼ変わらないため、広告へのアクセス率も高くなります。そのため、最も直接的な売上につながりやすい広告として、企業規模を問わず人気があります。

2つめは、Facebook、Twitter、InstagramなどのSNS上に出稿するタイプの広告です。これらの広告もそれぞれのSNSと相性のよい企業にとっては費用対効果が高く人気です。

3つめは、世界中のアプリやWebサイト上に広告が表示される「ディスプレイ広告」といわれる広告です。アプリやブログに表示されるバナーや短い動画の広告というとわかりやすいでしょう。この分野はDSPといって、非常に多くの企業が広告のシステムを提供しています。

最後に、YouTubeなどの動画媒体に表示される動画広告です。

後のものになるにつれて、直接的な売上よりも、認知度やブランディング効果との相性がよくなっていきます。そのため主要な出稿者も規模の大きい企業が増えてきます。

◆まず始めるべき広告の考え方

前述した出稿先の知識を念頭に、利用ユーザーが多い広告媒体を選択していくのがおすすめです。現在米国では、広告利用額の約70%がGoogleの提供している広告（Google検索広告、Googleディスプレイ広告、Google動画広告(TrueView))、Facebook社の提供している広告（Facebook広告、Instagram広告）で、占められているといわれています。日本も似たような状況で、GoogleとFacebook社に合わせて、ヤフー株式会社が提供しているYahoo!広告（Yahoo!検索広告、Yahoo!ディスプレイ広告）の３社が70%以上のシェアをもっていることが予想されます。利用者が多い広告は総じて費用対効果が高くサポート体制もしっかりしています。

これらの結論として、すぐに売上につなげたい場合は、Google検索キーワード広告>Yahoo!検索キーワード広告>Facebook広告>Instagram広告>Twitter広告>Googleディスプレイ広告>Yahoo!ディスプレイ広告>Google動画広告の順に優先度をもってトライしてみるといいでしょう。

図表1　主な広告の出稿先とその特徴

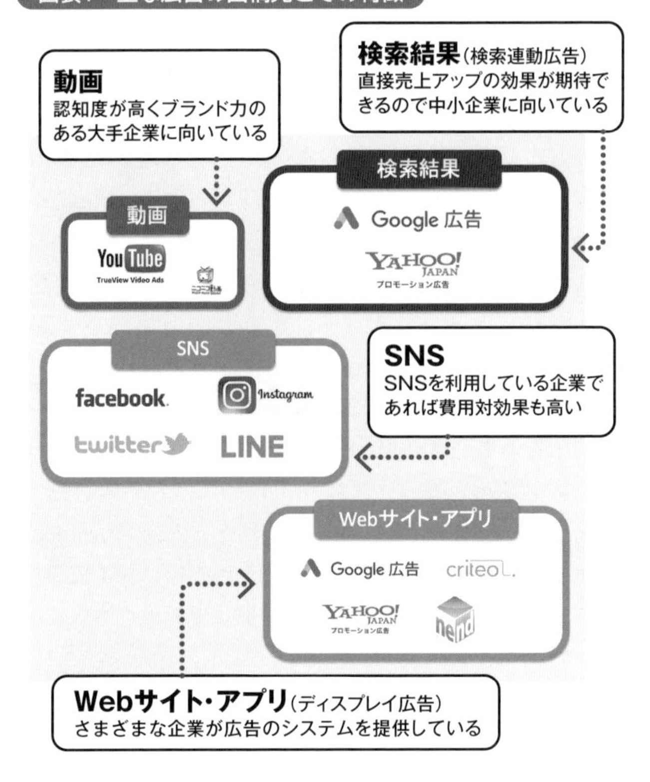

図表2　おすすめ広告リスト

1 Google検索キーワード広告（Google広告の管理画面から出稿可能）

2 Yahoo!検索キーワード広告（Yahoo!広告の管理画面から出稿可能）

3 Facebook広告

4 Instagram広告（Facebook広告の管理画面から出稿可能）

5 Twitter広告

6 Googleディスプレイ広告（Google広告の管理画面から出稿可能）

7 Yahoo!ディスプレイ広告（Yahoo!広告の管理画面から出稿可能）

8 TrueView広告（YouTube上の広告。Google広告の管理画面から出稿可能）

2 中小企業に最適なリスティング広告の基礎知識と活用法①

常に競合他社を意識しながら、
キーワード選びと品質スコアの改善を図ろう

◆リスティング広告は中小企業にもっとも適した広告手段

リスティング広告は、数あるインターネット広告の中で、中小企業に向けたものとしてもっともおすすめできる手段です。少額予算から始められる、効果が出やすい、効果の上がる業種やサービスが幅広い、費用対効果が数値として明確に現われるなど、多くの利点があります。Googleという検索エンジンの運営会社が、リスティング広告の利益によって、世界的な巨大企業になりえたことも納得できます。

リスティング広告の細かい設定方法やノウハウについては、拙著『最速で成果を出すリスティング広告の教科書 〜Google AdWords &Yahoo!プロモーション広告両対応』(技術評論社)などの専門書に譲るとして、ここではリスティング広告の設定で特に注意する点についてまとめます。

リスティング広告で達成すべきは、究極的には3つだけです。

- **ライバルよりも売れる広告を出す**
- **ライバルよりも安く広告を出す**
- **ライバルよりも広告を見た後の購買率を上げる**

この3つがしっかり実行できれば、リスティング広告からの集客を利益につなげられるようになります。

そのために頭に叩き込んでおきたい事柄を解説していきます。

◆売れるキーワードの当たりをつける

リスティング広告の成否は、どんな検索キーワードで広告を出すかに尽きます。どの会社のWebサイトであっても、購入や問合せにつながるキーワードには傾向があり、数が限られています。

基本的なキーワード探しのポイントは、第3章「検索で上位表示させるキーワードはどう決めるべきなのか?」(→84ページ)を参考にしてください。ここでは、SEOとは異なる、リスティング広告ならではのキーワード選びのポイントを解説します。

リスティング広告の最大の特徴は、クリックされた分だけ料金が発生するという点です。表示させるだけなら無料です。

このメリットを利用しない手はありません。つまり数千でも数万でも、ほぼ無限にさまざまなキーワードで上位表示が可能なのです。

SEOの場合は、たくさんのキーワードで上位表示させようとする場合、キーワードの数だけページを作成するのが一般的です。その点リスティング広告は、一つひとつページをつくらなくても、簡単にたくさんのキーワードでアクセスを集めることができます。

SEOの場合、たとえば「ベトナムコーヒー　通販」という組合せで上位表示をさせようとすれば、競合が多いためにかなりの労力を割かれるうえ、上位表示されるまでその効果を測ることができません。

一方、リスティング広告であれば、「ベトナムコーヒー　格安」「ベトナムコーヒー　激安」「ベトナムコーヒー　送料無料」「ベトナムコーヒー　高品質」など、さまざまなパターンのキーワードを試し、どのワードが一番売上につながるかをテストすることができます。効果の高いワードが絞れたあと、そのワードでSEOをかけるのが、時間と費用のコスト面で大変効率的です。

ただし、あきらかに売上につながらないと思われるキーワードなど、手当たり次第広告を出すと、後述するように広告の品質スコアに悪影響を及ぼして、ムダな費用が発生する可能性があります。

3 中小企業に最適なリスティング広告の基礎知識と活用法②

GoogleやYahoo!の基準を理解して、
地道に品質スコアを上げていこう

◆広告費が5倍以上変わる！ 品質スコア

キーワード選びに続いて重要な要素が「品質スコア」の存在です。GoogleやYahoo! 広告では、あなたの会社が出した広告に「品質」の評価を下します。この品質スコアの上下は、「クリック金額」に影響します。

「Google広告」や「Yahoo! 広告」の広告は、キーワードごとの入札金額で順位が変動します。検索順位の１位に広告を表示させたければ、基本的にはそのキーワードの入札価格をどんどん上げていけばよいのです。

しかし、この「品質スコア」が順位を複雑なものにします。**品質スコアが高いか低いかによって、同じ順位に表示するための広告額が数倍以上簡単に変動します。**

もしライバルの会社が自社の５分の１の金額で同じ順位に広告を出していたら、勝負になりません。リスティング広告で利益がでな

ウォ	キーワード	品質	マッチタイプ
合計			
	勉強会	10	部分一致
	読書会	10	部分一致
	勉強会 東京	10	部分一致
	東京 読書会	10	部分一致
	政策勉強会	7	部分一致
	ビジネス 勉強会	10	部分一致
	ビジネス 研究会	10	部分一致
	社会人 勉強会	10	部分一致

い会社は、この「品質スコア」がライバル会社よりも低いケースが多くみられます。

管理画面にログインして、「キャンペーン」→「キーワード」を選択すると、各キーワード毎の品質スコアを確認することができます。品質スコアは、1～10の数値で示されます。

◆品質スコアの基準と対応策

GoogleやYahoo!が独自で決めている品質スコアの基準には、次のようないくつかの共通点があります。

①広告を出しているキーワードのクリック率
②広告とクリック先のWebページの関連性
③クリック先のWebサイトの品質

①広告を出しているキーワードのクリック率

リスティング広告はクリックするごとに課金されるため、GoogleやYahoo!にとってクリックされない広告は「儲からない広告」です。儲からない広告は、当然、低い品質と評価されます。

クリック率を安定して上げるための1つめのポイントは、「広告文の中に広告を出す検索キーワードを必ず含める」ということです。

たとえば「国内航空券　格安」で検索する人は、検索結果からそのワードを真っ先に見つけようとします。さらに、キーワードと一致した文字は検索結果で太字になりますから、クリックされる可能性が高まるわけです。

もう1つのポイントが、広告文の中に、検索者にとっての「メリット」を提供する文章を入れることです。たとえば「50%OFF」「24時間対応」「月500件の販売実績」「初回無料」など、具体的な数値でメリットを示せれば、クリック率は上がります。

自分の会社名などを広告文に含めるケースをよく見かけますが、よほどブランド力の高い会社でなければほとんど意味はありませんし、むしろクリック率が下がる原因になってしまいます。

よい広告文と悪い広告文

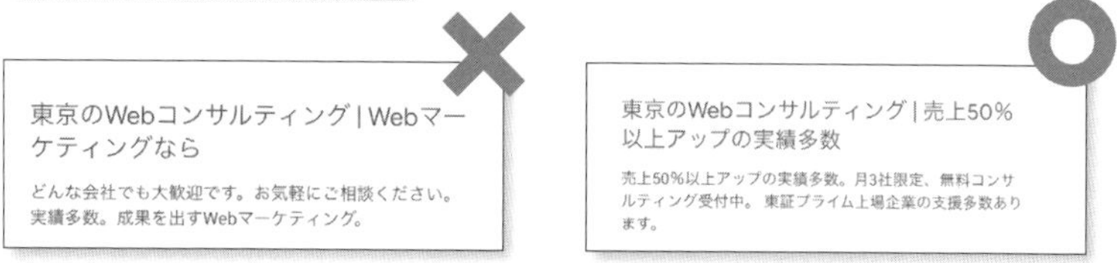

×

東京のWebコンサルティング | Webマーケティングなら

どんな会社でも大歓迎です。お気軽にご相談ください。実績多数。成果を出すWebマーケティング。

●ターゲットが絞られておらず、お客様にメリットがない
●会社名を入れても、もともとブランド力がないため、意味がない

○

東京のWebコンサルティング | 売上50%以上アップの実績多数

売上50%以上アップの実績多数。月3社限定、無料コンサルティング受付中。東証プライム上場企業の支援多数あります。

●具体的な数字が多い
●無料相談など、訪問者へのメリットが提示されている

②広告とクリック先のWebページの関連性

広告を出している検索キーワードがWebページの中にちゃんと含まれているかどうか、ということです。当然のことながら、キーワードがクリック先のページにまったくなければ、利用者が求める情報と違うWebサイトに誘い込む質の低い広告の可能性が高いと判断されます。

クリック先のページ（ランディングページ）にキーワードを含めることを徹底しましょう。とくに、タイトルタグやページ上部にキーワードが含まれていると効果的です。

ただし、たくさんのキーワードから1つのページにアクセスを送り込むよう広告を設定している場合は、上記の対応はむずかしくなりますので、キーワードにあったWebページを可能な限りつくり込むことで、リスティング広告のシステムの評価を高めることになります。

③クリック先のWebサイトの品質

動画や重い画像だらけのWebページや、いわゆる情報商材販売などでありがちな、ものすごく「縦長」のページなど、閲覧者に不親切なWebサイトは「質の悪いWebサイト」とみなされます。

スムーズな表示速度、極端に1ページが長くならないよう心がけましょう。

◆ランディングページは「次のアクション」を誘導するつくりに

リスティング広告の成否は、アカウントの設定ノウハウが半分、そして半分はクリック先のWebページ（ランディングページ）の完成度で決まります。リスティング広告の効果でアクセス数が増えても、ランディングページの質が悪いと、問合せ率や購入率が何分の1にも落ち込みます。

次の5つのポイントを押さえ、訪問者に「次のアクション」を促すランディングページになるよう工夫しましょう。

集客力が高まるランディングページ5つの条件

①わかりやすいキャッチコピーで大きな見出しにする（誘引力のある画像データでつくるのが望ましい）

②競合他社よりも商品の強みをはっきり書き出す

③訪問者にとってもらいたいアクションを1つに絞る（「購入」か「問合せ」か「メルマガ登録」か、など）

④会社情報、お客様の声、決済情報など、訪問者が安心できる情報を盛り込む

⑤ランディングページは、何パターンもテストを行なう

これらの条件がそろっていないと、リスティング広告の専門業者に依頼しても結果は伴ってきません。

◆商品に付加価値をつける

当然のことながら、商品の価値は徹底して洗練させることがすべての前提条件です。

商品自体に魅力があれば、広告の費用対効果は倍加します。

「商品価値が簡単に上げられれば苦労しない」と思われるかもしれませんが、すぐに実行できる施策は少なくないはずです。

たとえば購入単位当たりのグラム数、1セット当たりの販売個数を変えて価格を調整する、商品に特典を付ける、返品保証を始める

など、さまざまな形で付加価値をつける工夫を検討するのです。

ライバルサイトがどのような付加価値をつけて商品を売っているか、類似業種ではどのような取組みがあるか、あまり考え込まずに他社の事例を積極的に調べてみましょう。

◆リスティング広告の費用対効果を図る方程式

はじめてリスティング広告に取り組む際には、どのくらいの広告費用がかかるのかが気になるものです。

具体的な費用を考えるよりも、広告費が「割高」になるか「割安」になるかを判断することが大切です。

ここまで説明してきたポイントを踏まえると、リスティング広告の費用対効果は以下の方程式で表わすことができます。

売れるキーワード×品質スコア
×ランディングページの完成度×商品の魅力
＝商品が売れるための広告費

たとえば、品質スコアを改善して広告費を２分の１に減らし、ランディングページを改善して購入率を２倍にし、商品力を上げて購入率を２倍にすると、商品が１つ売れるためにかかる広告費の費用は、２×２×２、つまり８分の１まで節約できます。

一つひとつの施策が、掛け合わせで広告効果に反映されますので、どの施策にも手を抜くことはできません。

4 リスティング広告管理業者の適切な選び方

ランディングページのアドバイスをもらえる業者を選ぼう

リスティング広告の設定はある程度手間がかかるものですので、専門業者に管理を依頼する選択肢もあってよいでしょう。

SEOと同様に業者は玉石混交で、価格から管理手法までバラバラです。頻繁にアカウントを調整してくれる業者もあれば、一度設定したら「ほったらかし」の業者まであります（本当にあるのです）。

料金の安さだけで判断せず、下のチェックリストをできるだけ多く満たす業者を選ぶようにしてください。中でもとくに重要なのが、ランディングページのアドバイスや修正を請け負ってくれるかどうかです。何のアドバイスや修正もない業者に依頼すると、広告効果が出なかったときにも「あなたのWebサイトの出来や商品が悪いからだ」と言われてしまいます。

よいリスティング広告業者を見極めるチェックリスト

□「Google広告」「Yahoo!広告」両方の管理が可能
□「ディスプレイ広告」「リマーケティング」などリスティング広告以外の出稿手段について熟知している
□アカウントのログイン権限を渡してくれる
□解約時に設定した内容を譲渡してくれる
□リスティング広告の管理だけでなく、広告効果がより高まるようランディングページや、サイト全体のアドバイスをしてくれる
□定期的に打合せの機会を設けてくれる
□リスティング広告だけでなく、SEOやソーシャルメディアなど、全体的なマーケティングの連携と見通しをアドバイスできる
□事業内容をきちんと把握してくれる（勉強してくれる）

5 SNS広告の基礎知識と活用法

成果の高いFacebook/Instagram広告と ターゲットを広げるTwitter広告を活用しよう

すでに、私達の情報インフラまで普及したSNS。これらの企業もGoogleと同様に広告収入によって事業が成り立っています。そのため、各SNSの運営会社は広告の機能に力をいれており、出稿の仕方次第で高い効果が期待できます。本書では、代表的なFacebook/Instagram広告と、Twitter広告について、ポイントを解説していきます。

◆成果が高いFacebook/Instagram広告

SNSで成果が高い広告出稿先として、真っ先に上げられるのがFacebook/Instagram広告です。ここでFacebookとInstagramがひとまとめになっているのは、この2つのサービスの運営元は同じMeta社（旧Facebook社）で、初期設定では、自動でこの2つのSNSに配信されるようになっているからです。ターゲティングや、広告クリエイティブのつくり方なども共通になっています。

Facebook/Instagramのもつ魅力の1つとして、広告の費用対効果の高さがあります。その理由は、Facebookのもつ実名のユーザー情報を活用して、高いターゲティング精度を実現していることにあります。

積極的にFacebook/Instagramのアカウントを運用する予定がなくても、広告の利用だけを検討してもよいくらいです。

◆ 広告の出稿先はFacebookかInstagramのどちらかに絞るべきか

Facebook/Instagramの広告で特に表示が多いのが、SNSのタイムライン上に通常の投稿に紛れて表示される形式のものと、リールという短尺動画の中に紛れて表示されるものに分かれます。

サービス、商材によって、見込み客と相性のよいSNSがどちらかに片寄っているケースもありますが、ひとまず初期設定の通りFacebookとInstagram両方に広告を配信してみましょう。実際の配信結果を見ながら、成果が高い方に広告の予算を自動でシステムが寄せてくれます。

レポートでも、それぞれの配信先の成果を確認することができます。どちらかの費用対効果が極端に悪ければ、その数値を確認してから配信先の媒体を絞ってもよいでしょう。

◆ Facebook/Instagram広告の成果が出やすいターゲティング方法

さまざまなターゲティングが可能なFacebook/Instagram広告ですが、特におすすめのターゲティング方法を3つに分けて解説します。

①デモグラフィックデータと、詳細ターゲティング設定を組み合わせる

Facebook/Instagram広告は、デモグラフィックデータ（年齢・性別・住所）、詳細ターゲティング（利用者層データ、興味関心、行動データ）を組み合わせて広告を出稿することができます。

たとえば、「大学生」をターゲットにしたサービスであれば、年齢を「18～22歳」に指定、詳細ターゲティングの学歴を「大学生・専門学生」に指定することで、かなりの精度でターゲットに広告を出稿することができます。

あなたの商品・サービスのデモグラフィックデータがはっきりしている場合は、Meta社が保有している興味関心や、属性のデータの中に相性がよいものがあれば、この出稿方法はかなり有効です。

②類似オーディエンスを利用する

デモグラフィックデータと、詳細データに相性のよいものが見つからない場合も、あきらめないでください。Facebook/Instagram広告には、高機能な類似オーディエンスというしくみが存在しています。

これは、あなたの会社の商品・サービスを購入してくれた人の電話番号やメールアドレス、Webサイトへのアクセスリストから、その人たちに属性や行動履歴が近い人たちをMeta社が所有しているデータから割り出し、広告を出稿してくれるという機能です。

既存顧客のデータがあれば理想的ですが、十分な量の商品購入データがない場合でも、Webサイトにアクセスしてくれた人のデータをFacebook/Instagram広告に記録させることで、それらの人たちにそっくりな属性の人を探して広告を出稿することが可能です。

顧客データをMeta社に渡してしまうので不安に思われるかもしれませんが、このデータはハッシュ化という暗号化処理をして広告のシステムに送付するので、暗号化した情報しか送られないようになっています。

Facebook/Instagram広告以外の広告媒体でも、類似オーディエンスは使えるのですが、今のところFacebook/Instagram広告の精度が圧倒的です。

③リターゲティングを利用する

1回以上あなたのWebサイトに訪れたことのある訪問者に、Facebook/Instagram広告を狙って出稿します。一度訪問している

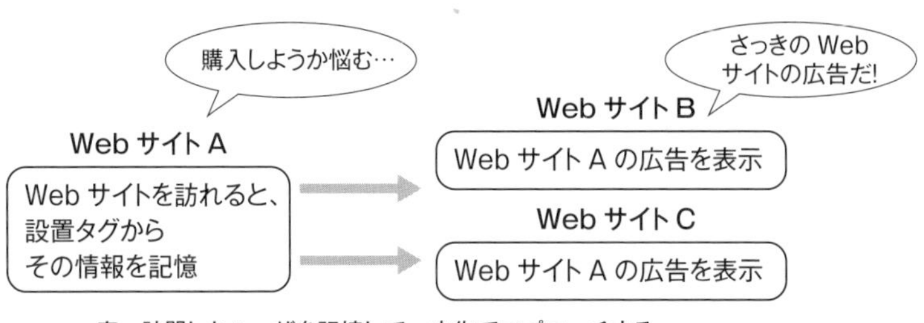

一度、訪問したユーザを記憶して、広告でアプローチする

ということは、すでにあなたの商品・サービスに興味をもっているということなので、成果が出やすい広告になります。最初は、Webサイトに訪問してから30日以内（1日1000以上などアクセス数が多いサイトであれば7日以内）から始めて、成果がよければ、日数を60日、180日と増やしていくとよいでしょう。

◆ ターゲットを広げるTwitter広告

Twitter広告もFacebook/Instagram広告同様、SNSのタイムライン上に通常の投稿に紛れて、数件に1回、広告が表示されるしくみになっています。

多くのサービスにおいて、Facebook/Instagramに比べてパフォーマンスが出にくいことが多いのですが、比較的広範囲のユーザーをターゲットとする商材などは高い効果を発揮するケースがあります。

◆ Twitter広告の成果が出やすいターゲティング方法

Twitterのおすすめのターゲティング方法を4つ解説します。

①興味関心ターゲティングを利用する

Twitter社が提供する、さまざまなカテゴリとサブトピックを指定して広告を出稿できます。カテゴリの例は、「ゲーム」「スポーツ」「ビジネス」といった分類です。サブカテゴリは、たとえばカテゴリが「ビジネス」の場合、「スモールビジネス」「ソフトウェア」「テクノロジー」などが続きます。

中小企業のビジネスオーナー向けの商品であれば、「ビジネス」の「スモールビジネス」を選択して広告を出稿するイメージです。自社の提供するサービスとぴったりのカテゴリがあれば試してみる価値はありますが、実際のターゲットはFacebook/Instagram広告の詳細ターゲティングに比べると、ざっくりとしている印象です。

②フォロワーターゲットを利用する

Twitter広告独自のターゲティングで最もおすすめなのが、このフォロワーターゲットになります。Twitterアカウントを指定することで、そのアカウントのフォロワーと、そのフォロワーに似た興味関心をもつユーザーに向けて広告を出すことができます。

たとえば「採用」関連のサービスなら、「採用について投稿しているアカウント」「キャリアアップについて投稿しているアカウント」などをリストにしていき、広告のターゲット指定をします。筆者の経験上、フォロワー数十万以上のアカウントよりも、1,000〜10,000フォロワー程度のマイクロ（小規模）インフルエンサーをたくさん集めてリストをつくる方がおすすめです。

基本的には、「専門分野のインフルエンサーのTwitterアカウント」や、「その分野のWebメディアのTwitterアカウント」を見つけ出すのがよいでしょう。

③キーワードターゲットを利用する

もう1つ、フォロワーターゲットに続いて、Twitter広告独自のターゲティング方法が、キーワードターゲティングです。これは、キーワードを指定することで、そのキーワードを含んだ投稿をしたユーザーや、そういった投稿に関心をもった行動をとったユーザーに広告を配信するターゲティングです。

たとえば、「採用」関連のサービスの場合、「転職」といったキーワードに反応している人がターゲットになります。他にも、Twitterの場合は感情の吐露を捉えるのも有効です。具体的には、「疲れた」というキーワードをつぶやいている人は、今の仕事でストレスが溜まっている可能性があるので転職予備軍であるといったように、そのサービスを利用したくなる時に、思わず吐き出してしまう言葉などに想像を巡らせることができれば、意外なキーワードから結果につなげることが可能です。

④リターゲティングを利用する

Twitter広告でも、リターゲティング広告が利用できます。しくみはまったく同じなのでFacebook/Instagramの項目を参照してください。こちらも有効なターゲティングです。

6 中小企業のメールマガジン戦略 読者をひきつける5つのポイント

見出し、画面上での読みやすさ、キャンペーンの充実度、他社の徹底研究に注力しよう

Webビジネスに限りませんが、リピーターを獲得することが、利益を出すための重要な要素です。リピーターをどんどん増やし、彼らに上手にアプローチすることで利益率は一挙に上がります。

そして、リピーターに見込んだお客様へのアプローチ手段としてもっとも安価で効率的な方法が、メールマガジン（以下「メルマガ」といいます）によるマーケティングです。

端的にいえば、一度商品を購入してくれた人、無料メルマガや無料のPDF資料、無料サンプルなどを申し込んでくれた人にメールを送るという単純な作業です。費用面でのコストがかからず、中小企業に適した広告手段だといえるでしょう。

◆ 効果的なメルマガの5条件

まずは、効果的なメルマガをつくるための基本的な５つの条件を押さえましょう。

①見出しに徹底的にこだわる
②適度な文章量で改行、段落分けされている
③売り込み過ぎずにファンをつくる
④キャンペーンにこだわる
⑤競合や大手のメルマガを徹底的に分析する

①見出しに徹底的にこだわる

成功するメルマガのもっとも重要な要素は、見出しがどれだけキ

ャッチーかということです。魅力的な見出しで読者の注意を引かなければ、読者はメール自体の内容まで読んでくれません。メールの開封率は、私達が思っているよりもずっと低く、開封率が５％を達成できれば上々と考えてよいでしょう。自分のPCやモバイルに届くメルマガを思い出してみれば、毎度開封しているのは10通に１通以下になるのではないでしょうか。
絶対にやめるべきタイトルは、「○○通信第５号」「○○商店メールマガジン９月号」といった何の特徴もないタイトルです。
本書では、簡単に開封率が上がる２つのポイントを紹介します。

Point 1 読者のメリットになる具体的なオファーを入れる

たとえばこんなタイトルで考えてみましょう。

上質の北海道生クリームを使った抹茶ロールケーキ発売中！

これでは、ただの商品紹介にとどまっています。より具体的な、読者のメリットに訴えかける表現がほしいところです。たとえば、次のようなタイトルに変えてみましょう。

上質の北海道生クリームを使った抹茶ロールケーキ
只今送料無料！

上質の北海道生クリームを使った抹茶ロールケーキ
只今生クリーム30%増量中！

上質の北海道生クリームを使った抹茶ロールケーキ
５月限定宇治の新茶を利用！

こうした具体的なメリットを前面に出すことで、開封率が格段に上がります。

Point2 具体的な数値を盛り込んでリアリティと臨場感を出す

このタイトルをもう少し改良して、具体的な数値を入れてみましょう。これだけでガラッとイメージが変わるはずです。

1000個販売突破記念！
上質の北海道生クリームを使った抹茶ロールケーキ
今だけ送料無料

本日の23:59まで送料無料！
上質の北海道生クリームを使った抹茶ロールケーキ

あと、5時間50分だけ送料無料！
上質の北海道生クリームを使った抹茶ロールケーキ

本日7:00に焼きあげました！
上質の北海道生クリームを使った抹茶ロールケーキ
期間限定送料無料キャンペーン実施中

②適度な文章量で改行、段落分けされている

メルマガの文章は、紙媒体の書籍と比べて、改行が多く行間の空いた文章が多くなっています。

紙の場合は文章にあわせて視線を動かすので、視点がズレることはほとんどありません。一方パソコン上では画面をスクロールさせて読むため、ぎっしり文字の詰まった文章だと視線がたびたびズレて大変読みにくくなります。視線より先に画面が動くために、視点移動が紙媒体よりもはるかに大変なのです。

紙の文章に慣れていると、改行が多く行間の広いメルマガ独特の文章が、一見「アタマの悪そうな文章」に見えるかもしれませんが、じつは読者にとって親切な文章なのです。

具体的には、１行当たりの文字数は30文字前後で短めに抑え、３～５行以内で段落を分けて２～３行の改行をとると格段に読みやすくなります。

③売り込み過ぎずにファンをつくる

メルマガは、読者の信用を得るための手段です。定期的かつ自由に情報提供ができる手段としてのメルマガを、商品情報と売込みだけに利用するのはあまりにもったいないことです。

自社の商品に対する情熱や、他社商品との違い、商品を購入したお客様の生の声、読者に役立つ情報など、少しでも読者への感謝の気持ちを伝えられるようにしましょう。

リピーターがリピーターであり続ける理由は、あなたの会社に対する「信頼」にほかなりません。長期的な利益を求めるのであれば、少しでも「信頼」を増やすための施策を考えるべきです。

④キャンペーンにこだわる

商品の購入へつなげるための現実的な手段としては、キャンペーンが重要です。読者との信頼関係をしっかり築いた上で魅力的なキャンペーンを打ち出すことで、メルマガの効果が発揮できます。

キャンペーンの例

- 期間限定の送料無料キャンペーン
- 返金保証
- 期間限定の割引価格
- 期間限定で何らかの特典をつける

しかし、むやみにキャンペーンを行なっても効果は上がりません。まずは一度商品を購入してもらい、リピートの購入が見込めるものに関しては、積極的に行なうと効果が上がります。

⑤競合や大手のメルマガを徹底的に分析する

①～④までがメルマガの基本的なノウハウですが、具体的に自社の商品でどのように応用すべきか迷ったときは、まずは同業者や大手で成功しているメルマガがどのような手段を使っているのか、徹底的に研究することを推奨します。

メルマガは、発行するようになってはじめて、キャッチコピーの書き方や読者の反応など一つひとつの意味が理解できるようになるため、トライアンドエラーで改善していくことになります。

そこで、考えるより真似ることから始めると、大きな一歩が踏み出せるのです。定期的に打ち出すキャンペーンや、特別に力を入れて紹介している商品など、それぞれのメルマガの特徴を見つけたら、それは過去の実績から効果を見込んで実行しているケースが多いため、参考になるはずです。

7 メルマガを解約される原因の4割は「頻度」である

配信頻度は多くても週に1度に抑え、簡単に解約できるしくみをつくろう

◆必ず簡単に解約できるようにする

毎回のメルマガの末尾に、「メールマガジンの解約」のリンクを張り、読者が手間をかけず解約できるようにしましょう。

どれだけ良質なメルマガであっても、相性が悪い読者は必ずいます。そんな読者の立場になってみれば、解約手続きが複雑なメルマガは、不親切で非常に印象が悪いことは想像がつくと思います。

また「解約」というアクションは、メルマガを改善するための貴重な参考資料になり得ます。

解約者が立て続けに出てくるようであれば、内容が読者ニーズとマッチしていないのではないかと予測が立ちます。解約手続きを複雑にして解約者の数自体を減らすことができても、魅力がなく開封されないメルマガを送り続けているとすれば、改善のタイミングを逃すことになりかねません。

◆メルマガの頻度は週に1度〜月に1度

メルマガを解約する大きな理由の1つは「配信の頻度」です。

配信自体に費用はほとんどかからないため、頻繁に情報発信をして少しでも購入に結びつけたいと考えがちです。しかし、そうすると、1通あたりの情報密度は薄くなり、事務的なつまらないメルマガになりがちです。そして、内容の薄いメールを頻繁に配信される読者は次第に解約を考えるようになる、という悪循環を生むのです。

「楽天市場」などの大手サイトでは１日に数回配信することも多いため、ある程度頻繁に配信するほうがよいと考えがちですが、それは見当違いです。

大手のECサイトは、しばしばそのサイト自体が利用者にとって代わりが利かないものになっています。頻繁にくるメルマガをいちいちチェックするわけではなくても、「まあいいか」と思わせることができるのです。また、メルマガ自体が広告など別の収益モデルになっていることもあり、中小企業とは事情が異なります。

小さな会社の場合、メールの頻度は多くても１週に１度や２週に１度、場合によっては１か月に１度くらいのペースのほうが読者にとって好ましいケースが少なくありません。

メルマガの配信回数を目標にするのではなく、読者に充分なメリットを与えられるコンテンツを込めたうえで、適切な頻度を探りながら試行錯誤して効果的な運用を目指しましょう。

◆ 追客を自動化するステップメール

メルマガを登録してもらったお客様には、会社のポリシー、商品の製造過程、お客様の声、その次から通常の新商品の案内に移行するなど、ある程度一定の順番で情報を送りたいところです。

新規登録者が出るたびに手動でメールを送るのは大変手間がかかるので「ステップメール」というメール配信システムを利用しましょう。ステップメールは、事前につくっておいた複数回分のメールを、新しくメールマガジンに登録した読者にだけ、指定した期間内に順番に配信してくれるサービスです。

たとえば次ページのように、登録後一定の期間が経過するごとに送るメールをあらかじめつくっておきます。

登録直後	──→	登録確認＆お礼メール
登録１日後	──→	挨拶メール
登録３日後	──→	商品を買ってくれたお客様の声を紹介
登録５日後	──→	あなたの商品への思いや、こだわりを紹介
登録１週間後	──→	メール登録者への特別割引商品紹介
登録1か月後	──→	お礼のご挨拶（リマインド）

ステップメールを利用すれば、一度丁寧にメール文章を作成して以降、労力をかけることなく半自動的にレベルの高いメールマーケティングを行なうことができます。特に人手が少ない小さな会社では、最小の労力で大きな効果が出せる手法として有効であるといえます。

メールマーケティングに使えるサービス一覧

小さな会社にとって使い勝手のよいメルマガ配信サービスサイトを紹介します

①Mail Chimp

https://mailchimp.com

メールアドレス2,000件、月間メール送信数10,000通までは無料で使えるメール配信ツール。サイトが英語なのがネックですが、無料でしっかりした機能をもつツールとしては最も優れています。

②アスメル

https://www.jidoumail.com/

月々課金のレンタル型のステップメール配信システム。配信メール数に制限がなく、ステップメールのシナリオも無制限というコストパフォーマンスの高いサービス。ステップメールの配信だけでなくメールマガジン配信用のシステムとしても有効。

③配配メール

https://www.hai2mail.jp/

本格的なメール配信を行ないたい企業向けのサービス。システムの安定度と機能の豊富さを両立させており、大手企業の導入も多数。

◆Webアンケートの活用法

かつてアンケートや市場調査は、電話をかけたり、紙の質問表を送ったり、お店など現地で直接依頼して書いてもらうことが主流でした。

今は、Webを使ったアンケートや調査が一般になってきており、これらを活かすことで利用者の生の声を集めることができます。

①無料のGoogleフォームでアンケートを実施する

Webを使ったアンケートシステムは、Webに詳しくない担当者でも無料で制限なく作成することが可能です。

まず、Webのアンケートシステムの候補として筆頭に上がるのがGoogleフォームです。

Googleフォーム
https://www.google.com/intl/ja_jp/forms/about/

Googleフォームからのアンケートの作成は、特にプログラミングの知識などは不要で、用意されたテンプレートを選び、選択肢にそってドラッグアンドドロップなどの簡単な作業をするだけでフォームが完成します。あとは、でき上がったフォームのURLを送信するだけでOKです。アンケートの画面はパソコン、タブレット、スマートフォンなど見る人のデバイスによって自動的に最適化されるので閲覧者の環境を問いません。

記入してもらったアンケートも、自動でGoogleスプレッドシート（Excelのようなもの）に出力され、結果を簡単にグラフに加工することができます。これだけ至れり尽くせりな機能にも関わらず、利用料はかかりません。

まず、社内でテスト的にアンケートを実施してみたいと思った場合には、Googleフォームの導入を検討してみましょう。

このGoogleフォームのアンケートは、メールアドレスを入手している見込み客や、すでに商品やサービスの購入経験のある顧客に対して、メールマガジンなどから回答をお願いするのが基本的な使い方となります。

また、今まで店舗などで直接紙に記入をお願いしていた場合も、タブレットにこのGoogleフォームで作成したアンケートフォームを表示して、店頭で記入してもらうことで集計結果を一元化できます。アンケートを紙ではなくタブレットにすることで、集計結果を一元化できます。

さらに高度なカスタマイズや、データの集計、外部ツールとの連携などを考慮する場合は、QuestantやCREATIVE SURVEYなど有料のWebアンケートサービスの利用を検討しましょう。

アンケートシステムリスト

名称	料金	
Google フォーム	無料	無料で利用制限のないアンケートフォーム作成ツール。予算をかけずにアンケートを実施したい場合におすすめ
Questant	無料機能あり（原則有料）	国内最大級のネットリサーチ会社マクロミルが提供するアンケートフォームシステム。Googleフォームに比べ高度なインターフェイスや、集計結果、Salesforceなど外部の顧客管理ツールとの連携が可能
CREATIVE SURVEY	無料機能あり（原則有料）	Questantと同様、Googleフォームに比べ高度なインターフェイスや、集計結果、Salesforceなど外部の顧客管理ツールとの連携が可能
LINE アンケート	アンケート機能は無料 LINE公式アカウント自体が投稿配信数により課金されるしくみ	LINE公式アカウントの友だち登録者に対して、アンケートを配信できる。アンケートの項目は複数作成することができるうえに、回答者にLINEのクーポンをプレゼントできる。回答率が高い
Facebook アンケート機能	無料	Facebookグループ、Facebookページ、Facebook個人アカウントの投稿としてアンケートを作成することが可能
Twitter アンケート機能	無料	Twitterの投稿としてアンケートを作成することが可能。話題になる内容の場合、広くシェアされる可能性も
Instagram アンケート機能	無料	Instagramの投稿としてアンケートを作成することが可能。Instagramストーリーズでしか作成できないため利用シーンは限定的
YouTube チャンネル アンケート機能	無料	YouTubeの動画の途中にアンケートを挿入することが可能。回答の項目も複数作成可能

②さまざまな媒体からアンケートを集めることも可能

社内でSNSを活用している場合は、各種SNSからもアンケートの作成が可能です。最も利用価値が高いのはLINE公式アカウントのアンケート機能です。詳細なアンケートを作成することができ、さらにアンケートの回答者に対してLINEのクーポンを配ることまで一気通貫で行なうことができます。LINEの利用者はプッシュ通知を見逃しにくいため、メールマガジンでアンケートを送付するより回答率も非常に高く、極めて効果的な媒体です。

TwitterやFacebook、Instagramでもアンケートを作成することが可能です。これらは、1つの投稿に対して1つの選択式の質問を作成するしくみになっています。

Twitterは、自社のTwitterアカウントの投稿をアンケートとして投稿することができます。Facebookの場合は、Facebookグループ、Facebookページ、個人アカウントの投稿それぞれで利用可能です。Instagramの場合はストーリーズのみで利用可能なので少々使い勝手が悪いです。YouTubeチャンネルでもチャンネル登録者に対して同様にアンケートを作成することができます。

これらは、質問項目が複数になるような複雑なアンケートには向きません。また、SNSの投稿として流れてしまうため、アンケートの存在に気がつかない人も出てくることが予想されます。さらに、アカウント自体に一定のフォロワーがいないと、そもそもアンケートを送っても回答が集まらないため、普段からのSNSの運用が大切になります。

一方でTwitterなどでのアンケートは、たとえば商品開発のアイデアを、複数の選択肢からフォロワーに回答してもらうことで、発売前からファンを巻き込んで盛り上げることもできます。商品の中身や、質問次第では多くの人にリツイートされて話題になる可能性もあります。

単純に意見を集める目的として実施するのではなく、プロモーションの一環として組み入れるのをおすすめします。

③回答されやすいアンケートを意識する

アンケートを実施するからには、回答が多く集まる工夫をしましょう。せっかくだからといろいろな質問を詰め込んでいくと、回答に時間がかかって結果的にアンケートの回収率が下がってしまいます。また長すぎるアンケートは、後半で回答者の集中力が落ちて回答の精度も落ちてしまいます。

企業側としては、たくさんの質問に答えてもらいたいところですが、そこは気持ちをぐっと抑えて、本当に必要な質問だけに絞り込むことが必要です。

また、最後まで回答してもらうために、考えなくてもすぐに答えられる質問を前半に多く入れて、回答に時間がかかったり、悩みやすいものを終盤にもっていくというテクニックがあります。

最初から面倒な質問があると回答者は投げ出してしまいやすいのですが、途中までアンケートを記入すると「せっかくここまで埋めたので最後まで回答しないともったいない」という気持ちで離脱率は低くなります。

また、定番の手法としてアンケート回答者に、割引のクーポンを配ったり、抽選でAmazonなどの商品券をプレゼントしたりといったインセンティブを与えることも効果的です。

アンケートの集計結果を匿名にして回答者に公開するのも効果的です。他の回答者がどんな回答をしているのかを知りたくて、アンケートを最後まで記入してくれる確率が上がります。

④集めたアンケートはコンテンツとして活かそう

集めたアンケートの結果は、当然商品やサービスの改善に活用できますが、それだけではもったいないです。これらのコンテンツをWebサイトに掲載することで、お客様の声として利用することもできます。また、アンケート結果のグラフも「このサービスを使っている人の年齢層」「満足度」などグラフとして信用度を高めるためのコンテンツにできます。入手したアンケートは、コンテンツとしてフル活用しましょう。

Book Guide 5 章の内容で参考にしたい本

01

最速で成果を出す リスティング広告の教科書 ~Google AdWords&Yahoo!プロモーション広告両対応

[技術評論社]

初級者向けに、効率的にリスティング広告を運用できる方法を解説。時間をかけて完璧主義的に進めるより、すぐに結果を出したい人向け。

02

ビジネスを加速させる Facebook広告&Instagram広告 制作・運用の教科書

[つた書房]

Facebook/Instagram広告を初心者向けにわかりやすく解説している本。Facebook広告のAI(機械学習)を活かす設定に導いてくれる。

03

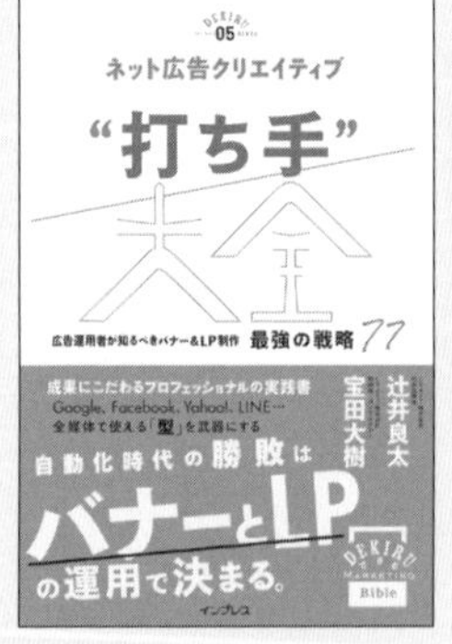

ネット広告クリエイティブ "打ち手"大全 広告運用者が知るべきバナー&LP制作 最強の戦略 77

[インプレス]

ネット広告でとりわけ成果の出やすいクリエイティブについて、広告のバナーから広告クリック後のランディングページまで解説されている一冊。SNS広告やディスプレイ広告の成果を上げたい方におすすめ。

6

Webサイトの問題を発見してチャンスを見出す アクセス解析の基礎

アクセス解析は、サイト訪問者の「動き」や「性格」などがわかる、魔法のようなツールです。しかし解析できる項目が多すぎるためか、情報を使いきれていない会社が多いのが現状です。小さな会社がアクセス解析で押さえるべきポイントは限られています。サイトを改善するためのデータの見方や、知らなくてはいけない用語など、費用対効果の高い基礎知識を紹介します。

アクセス解析がわかれば サイトの問題は8割解決する

KPIを明確にすると、みえなかった問題点と正しい対策がわかる

◆アクセス解析でWebサイトの問題は8割解決できる

Webビジネスの最大の特徴の1つは、顧客の行動のほとんどすべてを、データで、簡単に、無料で取得できるということです。アクセス解析をしっかり定期的に行なえば、競合他社に大きく差をつけることができます。

誤解を恐れずにいえば、アクセス解析を行なうだけでも、Webサイトの問題の8割程度は理解できると考えられます。アクセス解析を活用すると、訪問者が「どこから来ているのか」「どのような目的で来ているのか」ということが理解できます。さらに、それぞれの訪問者が「どのような動きをしているのか」「どの程度の関心をもって訪問しているのか」がみえてきます。

アクセス解析で注目すべきは、毎月何人が訪問したかなどの「量的分析」ではなく、以下のような「質的分析」です。

1. どこから来ているのか
2. どのような目的で来ているのか
3. どのような動きをしているのか
4. どの程度の関心をもって訪問しているのか

あなたは、この4つを説明できるでしょうか。もしあなたがすでにアクセス解析を導入しているにもかかわらずこれらの分析ができていないようであれば、アクセス解析を行なっている価値はほとんどないといえます。

◆KPIを明確にする

アクセス解析の最大の目的は、KPI（重要業績評価指標）を明確にすることです。

ビジネスとしてWebサイトを運用する以上、最終目標は利益や売上につなげることです。とはいえ、目標となる売上高を掲げたところで、まずはアクセスを増やしたり、初回訪問者を購入につなげるサイトづくりの工夫を行なったりと、いくつもの細かい目標を達成していかなくてはなりません。

KPIとは、この一つひとつの目標のうち、特に最終目的を達成するために重要な現時点での指標です。「現時点での」指標ですから、KPIは流動的に変化します。

たとえばWebサイトを立ち上げたばかりのまったくアクセスのない状態であれば、アクセスを集めることがKPIになります。具体的には、検索エンジンからのアクセス、リスティング広告からのアクセス、Twitterからのアクセス、メルマガによる告知でのアクセスなどのなかで、とくにどのアクセス数を増やすのを目標にするのか。もしくはあらゆる手でアクセスを増やすのか。これらを決める必要があります。

たくさんアクセスがあるのに、やたらと平均エンゲージメント時間（訪問者がページを閲覧している時間）が低ければ、平均エンゲージメント時間を上げることがKPIになります。KPIの適切な設定と見直しができるかどうかで、Webサイト改善の成功率が決まります。

つまり、最終目標を達成するための中間目標が適切に設定されているか、ブレていないかを、常にチェックしながら進めていくために、アクセス解析のデータが役立つのです。

◆アクセスの出所ごとに対策を考えると飛躍的に効果がUPする

アクセス解析では、アクセスの流入元ごとに評価と対策の考え方を変えていく必要があります。

たとえば、Webサイト全体のアクセスを増やしても、売上につながらないアクセスであればあまり意味がありません。また平均エンゲージメント時間が低い状態であっても、そのアクセスが多額のお金を払っているリスティング広告によるものであれば、効果のないものに費用がかかっていると判断できるため、対策を打つことができます。

または検索エンジンでたまたま上位表示されて増えたアクセス、Twitter経由のアクセス、1度だけメディアに紹介されたり他社のブログに紹介されたことによるアクセスなど、費用も労力もかかっていないアクセスについては、平均エンゲージメント時間が低いからといって改善する優先順位は低くてよいと判断できます。

Webコンサルタントから「平均エンゲージメント時間を◯%上げましょう」とか、「あなたの業種であれば、平均ページビューは◯ページが望ましいです」などと絶対基準を設けたアドバイスをされることがあります。

でも、あまり真に受ける必要はありません。

重要なのは、アクセスの「質」と「量」を考えて、現時点でもっとも優先すべき対策は何か、逆に、どこは力を抜いておいたほうがよいかを整理しておくことです。これらを切り分けることができるのが、アクセス解析がもたらす最大のメリットです。

右ページに、代表的なアクセスの切り分け方と、その対策の考え方を紹介します。

アクセスの質を判断する主な指標と対策の考え方

❶リスティング広告経由で、売上につながりやすそうな検索キーワードのアクセス数と平均エンゲージメント時間

→平均エンゲージメント時間を上げ、アクセスも増やす対策を考える

❷リスティング広告経由で、あまり売上につながらなさそうな検索キーワードのアクセス数と平均エンゲージメント時間

→広告費がもったいないので、ムダなキーワードで広告が出ないよう修正する

❸検索エンジン経由で、売上につながりそうな検索キーワードのアクセス数と平均エンゲージメント時間

→平均エンゲージメント時間を上げ、アクセスも増やす対策を考える

❹検索エンジン経由で、あまり売上につながらなさそうな検索キーワードのアクセス数と平均エンゲージメント時間

→費用がかかっているわけではないので、平均エンゲージメント時間が低くてもとくに対策の必要はない

❺Facebook やTwitter経由のアクセス数と平均エンゲージメント時間

→平均エンゲージメント時間が低ければ、Facebook やTwitterの運用を継続するか否かを判断する。労力や費用がほとんどかかってなければ問題はない

❻外部サイトからのアクセス数と平均エンゲージメント時間

→どのサイトから多くアクセスされているかに注目する

❼お気に入り登録からのアクセス数と平均エンゲージメント時間

→どのくらいリピーターがいるかを判断できる重要な指標

❽メルマガやLINE公式アカウントからのアクセス数と平均エンゲージメント時間

→見込み客の塊といえるため、アクセス数を増やし、平均エンゲージメント時間を改善する策を考える

［ アクセス解析の指標となる用語一覧 ］

●表示回数

Webサイトの訪問者が、いくつのページを表示したかの合計数です。この数が多ければ多いほど、多くのページを読まれたWebサイトということになります。実際のところ、業種やWebサイトのつくり上、表示回数が増えやすいサイトとそうでないサイトがあるため、単純に表示回数が多ければ多いほどよいサイトというわけではありません。多くのWebサイトにとっては、次のセッション数が参考にしやすい要素になります。

●セッション数（訪問数）

Webサイト自体に訪問した回数です。1回の訪問で複数ページを閲覧しても、1セッションとしてカウントされます。「1回の訪問」の定義が、アクセス解析により異なりますが、代表的なアクセス解析システムである「Google Analytics4」の場合、30分以内に再度あったアクセスについては「1訪問」として計測されます。

ECサイトなどの場合、表示回数、セッション数、次のユーザー数の中で、セッション数が一番売上と連動しやすい傾向にあり、重要な指標となります。

●ユーザー数

一定期間中に何人のユーザーがWebサイトに訪れたかを表す数値です。1人が複数ページを閲覧しても、日をおいて何度もWebサイトに訪問しても、それが同一人物である以上「1人」として計測されます。

コアなファンがついているサイトなどは、頻繁に訪れる人が多く、表示回数やセッション数を計測しても実際に何人のユーザーに閲覧されたかがわかりませんので、この数値が有効になります。

●セッションあたりの平均エンゲージメント時間

1回の訪問あたりのWebページの閲覧時間です。この数値があまりに低い場合はWebサイトのつくりが悪いか、集客の方法が悪いかのどちらかが原因だといえます。

特に見落とされがちなのが後者のパターンです。たとえば自社の顧客になる可能性が低い利用者ばかりが集まるWebサイトに広告を出しているとしたら、どんなに自社サイトを改善しても、平均エンゲージメント時間は改善されませんし売上にもつながりません。

平均エンゲージメント時間は、必ずしも高ければよいというわけではありません。「自分には関係ないサイトだ」とすぐにわかるほうが、訪問者にとって親切なサイトだといえるからです。「顧客になってくれる可能性の高い見込み客」を見極め、その平均エンゲージメント時間を上げることが大切です。

●コンバージョン

「商品の購入」「会員登録」「問合せ」「メールマガジンの登録」など、Webサイトの訪問者に対する特定の目標の成果をコンバージョンといいます。

「Google Analytics4」をはじめとする多くのアクセス解析サービスでは、どのページにアクセスしたかをコンバージョンとして設定することができます。たとえば「商品の購入完了」ページにコンバージョンを設定すれば、期間毎の商品の購入数やどのような検索キーワードから商品が購入されたのかなど、売上に直結する解析データを取得することが可能です。アクセス解析における最重要指標の1つです。

●参照元

どのようなメディアからWebサイトに訪問してきたかを表します。外部のWebサイトのリンクから訪れた場合、検索エンジンから訪れた場合、Google広告などの広告から訪れた場合、Twitterから訪れた場合など、それぞれのメディアからのアクセス数、セッションあたりの平均エンゲージメント時間、コンバージョンなどを解析すると、詳細なデータを得ることができます。アクセス解析を行なう際は、必ずこの参照元別にデータの解析を行なうようにしましょう。

●オーガニック検索（自然検索）キーワード

どんなキーワードからアクセスがあったのかを表わします。ただし、現在、検索エンジンではSSLという暗号化されたアクセスが主流になり、GoogleAnalytics4からは検索キーワードの解析がほぼできなくなっております。

Google Search Console（→95ページ）というGoogleが提供しているツールを利用することで、Webサイトにどのような検索キーワードからアクセスがあるのかを閲覧することが可能になっています。

[無料で使えるアクセス解析システム一覧]

●Google Analytics4

Google社が提供する完全無料のアクセス解析。高額な有料アクセス解析システムに劣らない性能があり、大企業も含めた多くの会社が採用している。欠点を挙げるとすれば、どんどん新機能が追加され、機能が豊富すぎて使いこなしきれないという点。

有料で高度なアクセス解析システムを導入するのは、Google Analytics4を使いこなした上で物足りないと感じたときで十分。

●忍者アクセス解析
（広告あり無料、広告なし有料）

老舗のアクセス解析ツール。高機能だが直感的に使いやすい管理画面で、初心者向き。携帯電話からのアクセスも可能。

広告表示が消える有料版でも年間5,000円前後で、月々に換算すると数百円程度と格安で、コストパフォーマンスに優れたアクセス解析ツールといえる。

●USER HEAT（無料）

Webサイトを閲覧しているときの目線の動き、画面のどのあたりをクリックしているのか、どのようなマウスの動きをしているのかなどを表示してくれるアクセス解析ツール。

サーモグラフィーでその分布が表示されたり、クリックされた回数が多い部分が赤く表示されたり、訪問者の行動履歴データをビジュアルで取得できる。設置したバナーが実際にクリックされているか、ユーザーはWebサイトのどのあたりを重点的に閲覧しているのかなど、サイトデザインの変更に役立つデータを豊富に取得することができる。

●User Local（無料）
（スマートフォン解析）

iPhoneやAndoroidなどのスマートフォン、従来の携帯電話（フィーチャーフォン）、PCのすべてに対応したアクセス解析ツール。どんなスマートフォンの機種からアクセスがあったか、実際の携帯の画像まで細かい分析結果が表示される。アクセスのあったユーザーの年齢、性別などの分析も可能。

また、企業や大学、社団法人、政府機関など、実際にどんな組織からのアクセスがあったのか、組織の情報を表示する機能もある。

2 Google Analytics4を使ったアクセス解析の基本①

まずは全体のアクセス数の推移を確認することから始めよう

ここでは、代表的な無料アクセス解析ツール「Google Analytics4」の機能を使って、基本的な解析のポイントをまとめます。

アクセス解析は、分析の項目が多く採用を躊躇する人が多いのですが、すべての情報を分析しようとせずに、必要なデータを絞り込むことができれば非常に有効なツールです。

◆ Google Analytics4の設定手順

ここでは、旧版のGoogle Anlatyicsを導入してない完全に新規の場合と、すでに導入している場合で、初期の設定を解説していきます。

【Google Analyticsをはじめて設定する場合】

①まずはGoogleアカウントを作成します。アカウントを所有していない場合は下記URLより取得します。
https://www.google.com/intl/ja/account/about/

↓

②下記にアクセスして、Google Analytics4のアカウントを取得します。下記URLの「さっそく始める」をクリックします。
https://marketingplatform.google.com/intl/ja/about/analytics/

↓

③Google Analytics4の使用についての説明画面が表示されます。「測定を開始」ボタンをクリックします。

↓

④「アカウント名」を入力して、「アカウントのデータ共有設定」を行ないます。チェックボックスはすべてチェックを入れ、「次へ」をクリックします。「アカウント名」には、会社名もしくはプロジェクト事業名を入力してください。

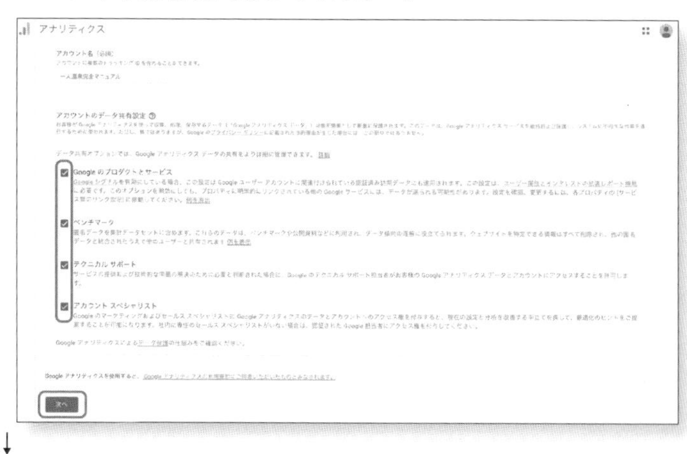

↓

⑤「プロパティ名」を入力して、レポートのタイムゾーンに「日本」を指定します。「プロパティ名」にはWebサイトの名称（「○○株式会社公式サイト」など）を入力してください。通貨についても「日本円(¥)」を指定して、「次へ」をクリックします。

アカウントの設定
プロパティの設定
プロパティの詳細
Google アナリティクス 4 プロパティを作成して、ウェブやアプリのデータを測定します。
プロパティ名
一人温泉完全マニュアル
レポートのタイムゾーン
日本 ▾ (GMT+09:00) 日本時間 ▾
通貨
日本円 (¥) ▾
詳細オプションを表示
次へ 前へ
ビジネスの概要

↓

⑥「ビジネス情報」を記入します。「業種」「ビジネスの規模」「利用目的」を事業に合わせて選択します。「利用目的」で何を選択したらよいかわからなければ「コンバージョン数を増やす」を選択しましょう。

すべて選択が終わったら「作成」をクリックします。

↓

⑦利用規約に同意します。

↓

⑧メール配信の設定を行ないます。すべてチェックを入れて「保存」をクリックします。

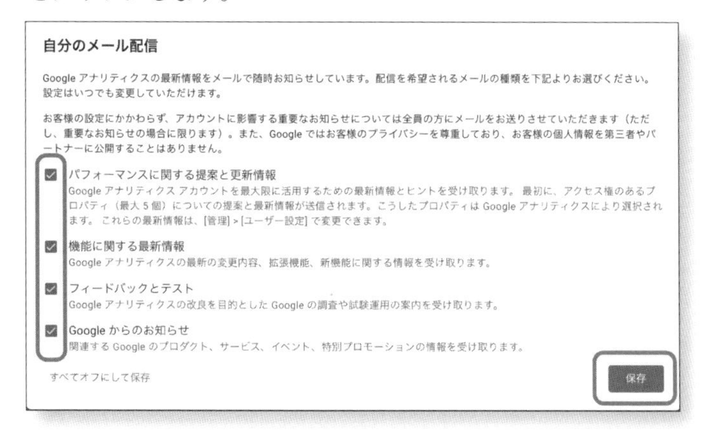

これで、GoogleAnalytics4のプロパティがつくられました。次にGoogle Analytics4の計測設定を行います。【Google Analytics4の計測設定】に進んでください。

【すでにGoogle Analyticsを設定済みの場合】

①Google Analyticsにログイン後、画面左下の歯車アイコンの「管理」をクリックし、表示された画面で「GA4設定アシスタント」をクリックします。

↓

②設定アシスタントの説明が表示されますので「はじめに」をクリックします。

↓

③ 続けて説明が表示されるので、一読して「作成して続行」をクリックします。

↓

④「Googleタグを設定する」をクリックします。

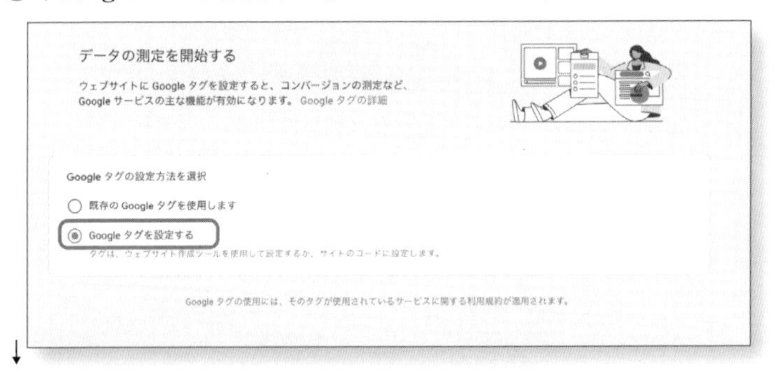

↓

⑤「Googleタグを設置する」という画面が表示されますが、一旦無視して画面右上の「完了」をクリックします。

これで、GoogleAnalytics4のプロパティがつくられました。次にGoogle Analytics4の計測設定を行ないます。【Google Analytics4の計測設定】に進んでください。

【Google Analytics4の計測設定】

Google Anlatyics4の計測設定は、直接Webサイトにコードを記述するケースとGoogleタグマネージャーを使うケースがあります。今回はGoogleタグマネージャーを使ったケースを解説します。

Googleタグマネージャーについては、未使用の方は、別途下記URLからアカウントとコンテナを事前に作成しておいてください。

Googleタグマネージャー

https://marketingplatform.google.com/intl/ja/about/tag-manager/

①Google Analyticsアカウントにログインし、画面左下の歯車アイコンの「管理」をクリックし表示された画面で「データストリーム」をクリックします。

↓

②先ほど設定したGoogle Analtyics4のプロパティ情報が表示されますので、クリックします。

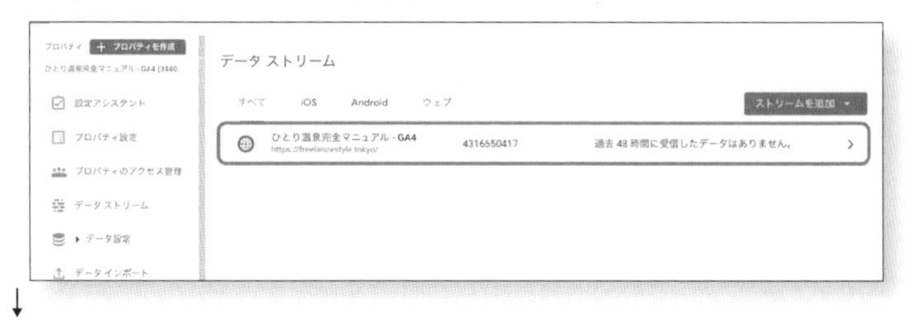

↓

③「測定ID」が表示されるので、IDをコピーしておきます。

↓

④Googleタグマネージャーの管理画面にログインし、「タグ」の「新規」をクリックします。

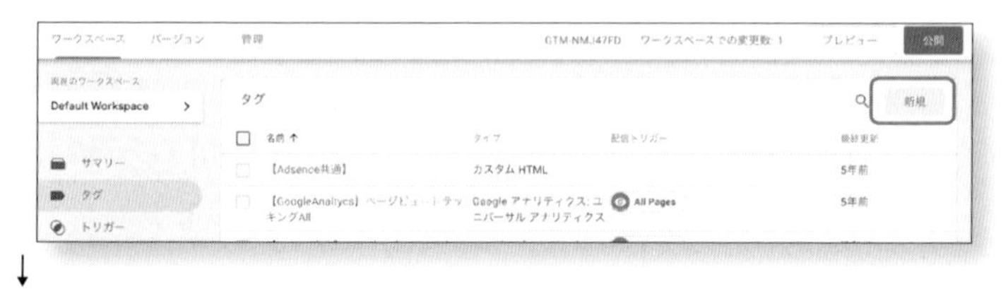

↓

⑤タグタイプの中から「Googleアナリティクス:GA4設定」を選択します。

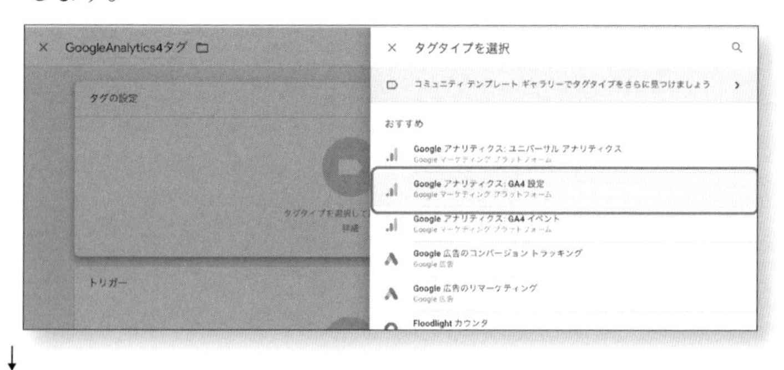

↓

⑥「測定ID」に先程取得した測定IDを入力して「トリガー」をクリックします。

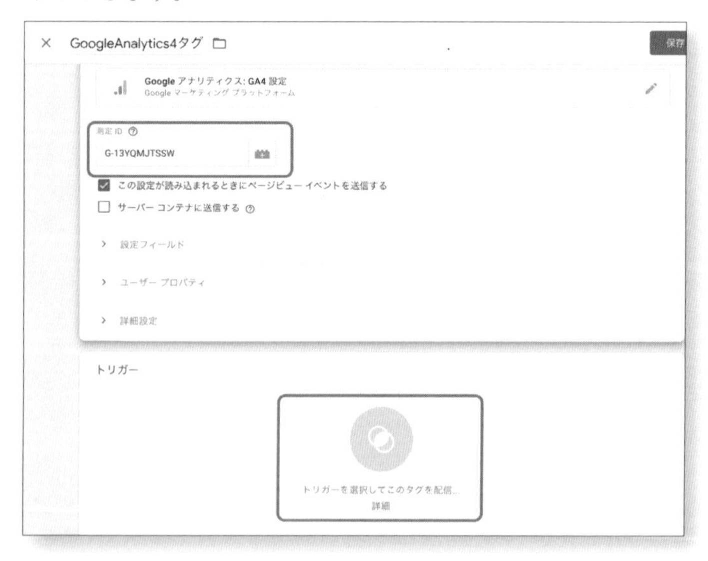

↓

⑦「トリガーの選択」が表示されるので、「Initialization – All Pages」を選択します。

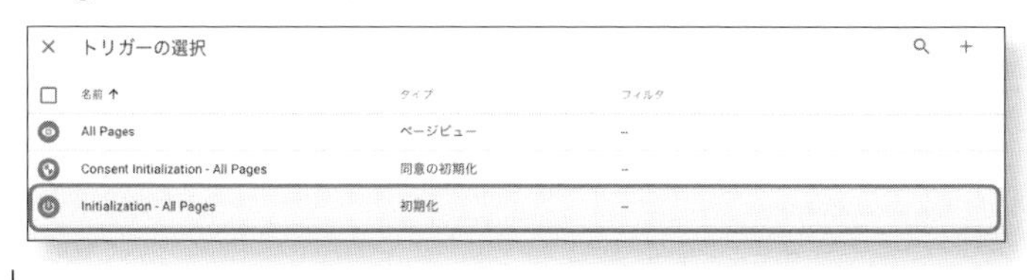

↓

⑧タグの動作確認を行ないます。画面右上の「プレビュー」をクリックします。

↓

⑨プレビューモードの画面が表示されるので、解析するWebサイトのトップページのURLを入力欄に入力して「Connect」をクリックします。

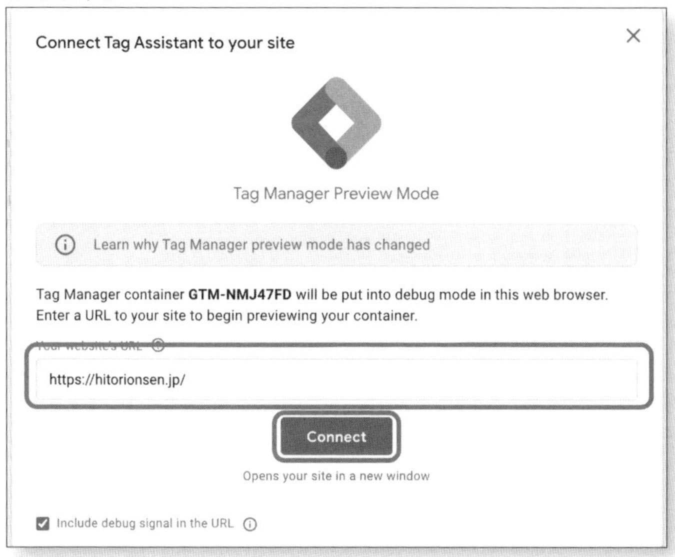

↓

⑩ただしく設定されていれば、「Tags Fired」に設定したGoogle Analytics4のタグ名が表示されます。

↓

⑪次に、Google Analytics4のプロパティでも測定ができているかを確認します。Google Analtyics4を開き、画面左の「レポート」を選択し、「リアルタイム」をクリックします。あなたのWebサイトへのアクセスが、リアルタイムのアクセスとして計測されています。

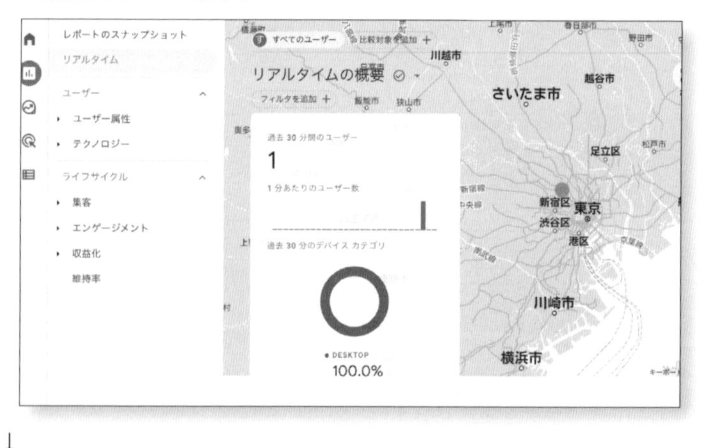

↓

⑫もう一度、Googleタグマネージャーの管理画面に戻り、画面右上の「公開」をクリックして、設定を公開状態にします。

これで、Google Analtyics4が正常に計測されるようになりました。

【Google Analytics4のコンバージョン設定】

Webサイト上のゴールとなる「コンバージョン」を設定します。商品の購入や、問合せ完了、重要なページの閲覧など事業によって、必要なアクセスポイントをコンバージョンとして設定しましょう。

①Google Analtyics4では、コンバージョンは、まずイベントとして登録する必要があります。Google Analytics4にログイン後、画面左の「設定」をクリックしてプロパティの「イベント」をクリックします。

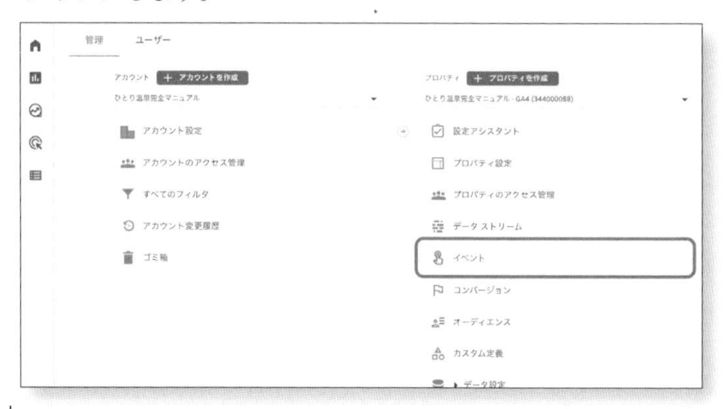

↓

②「イベントを作成」をクリックします。

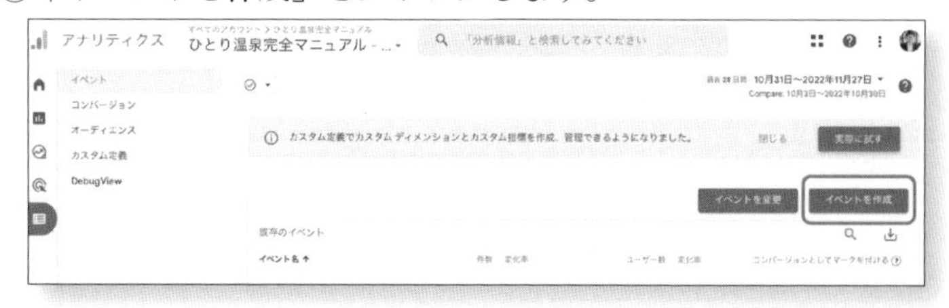

↓

③カスタムイベントの「作成」をクリックします。

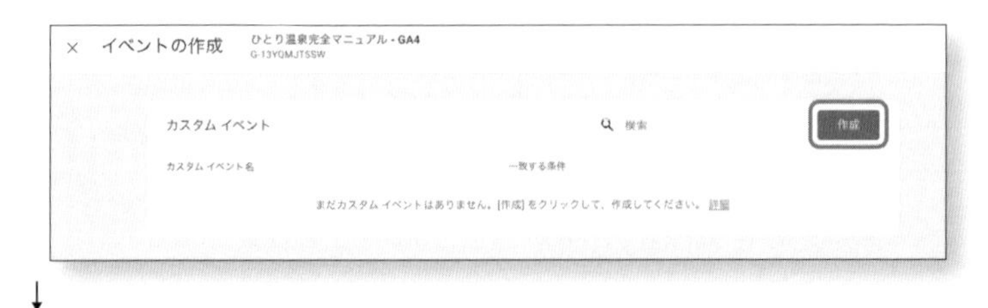

↓

④設定のページにコンバージョンを取得したいページの情報を入力します。図を参考に値を入力してください。たとえば、○○というURLへのアクセスをコンバージョンとする場合は、

[パラメータ：event_name]［演算子：次と等しい］[値：page_view]

[パラメータ：page_location] [演算子：次を含む][値：○○]

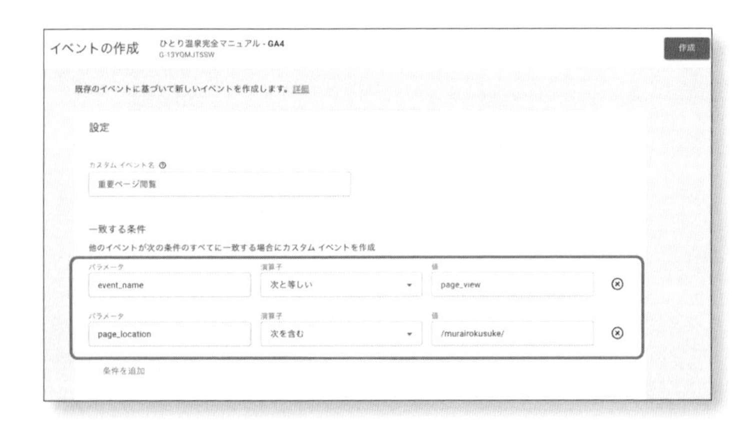

というように設定してみてください。○○以外の箇所は意味がよくわからなくても、一旦そのまま記入してください。「○○」はドメインを除いたURLを入力します。

例：http://powervison.co.jp/murairokusuke/の場合

→/murairokusuke/

↓

⑤この後、実際にイベントのデータが蓄積されないとコンバージョンの設定ができません。実際に設定したコンバージョンのURLを表示させるなどしてコンバージョンを発生させ、一日ほど時間をおいてください。

↓

⑥翌日Google Anlatyticsにログインして、①と同様「設定」をクリックして、プロパティの「イベント」をクリックします。前日に設定したイベントが記録されています。(そのほかにも、初期設定されている英語のイベントが複数記録されています)

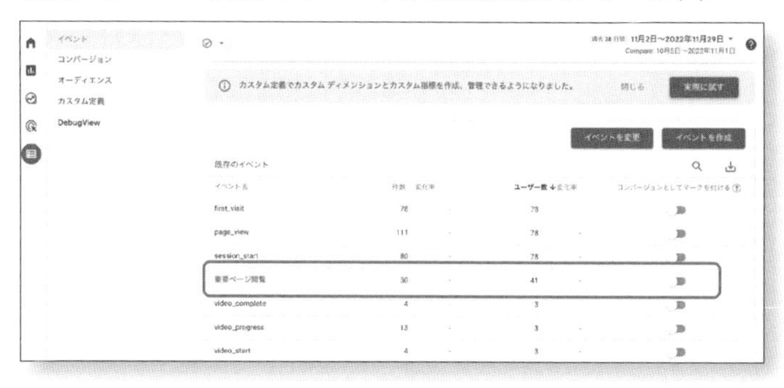

↓

⑦「コンバージョンとしてマークをつける」という箇所をクリックします。これでコンバージョンとして記録されるようになりました。

◆ 全体のアクセス数を把握しよう

まずは、定期的にアクセス数をチェックするところから始めてみましょう。Google Analytics4にログインしたら、分析したいプロパティを選択し、画面左の「レポート」→「レポートのスナップショット」を選択してください。

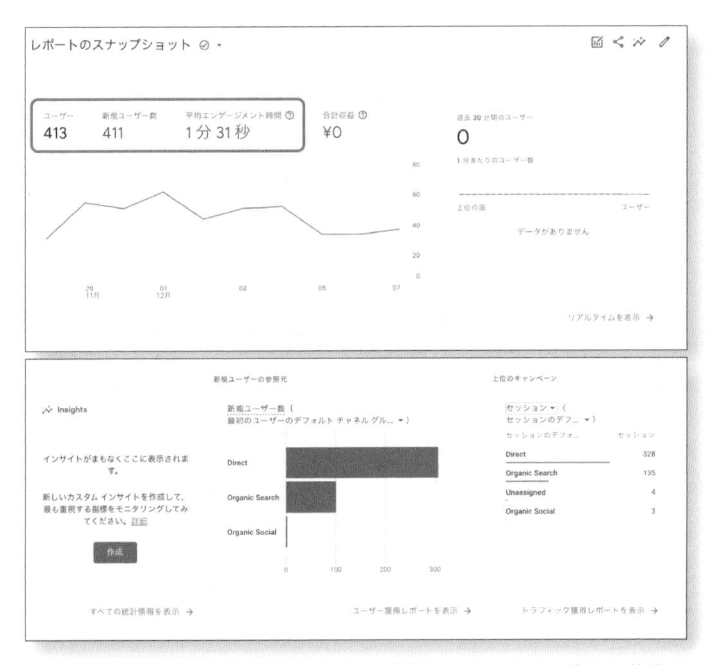

レポートのスナップショットの画面には、さまざまな指標がならんでいますが、まずは画面左上のグラフで数値の増減をみる習慣をつくりましょう。

●ユーザー　●新規ユーザー数　●平均エンゲージメント時間
●合計収益（こちらはまず見なくてOK）

などの数値が並んでいますが、192ページからの用語説明を参照しながら、まずはこれらの指標を定期的にチェックし、アクセス解析をWebサイトの運用サイクルに組み込みましょう。

はじめのうちは、

- おおまかにアクセスが増えているか減っているかの傾向
- 極端に平均エンゲージメント時間が変動していないか
- 極端なアクセス数の増減がないか

などをチェックするのが主な目的になります。

3 Google Analytics4を使ったアクセス解析の基本②

どこを経由したどのようなアクセスがあったかを知れば さまざまな可能性がみえてくる

◆ 極端にアクセス数が増えていた場合の分析

突然自社サイトへのアクセス数が増えていた場合、次のような可能性が考えられます。

- 検索エンジンで極端に順位がアップしている
- リスティング広告、SNS広告経由での極端なクリックの増加
- 外部のソーシャルメディアなどで口コミが発生している

アクセス数が増えていること自体に満足せずに、その原因を探るのがアクセス解析です。

たとえばリスティング広告での極端なアクセス増加は広告費用が大きく増えることになりますからすぐに対応が必要です。口コミも、ポジティブなものであればよいのですが、どこかの掲示板サイトなどで悪評を書かれて炎上している可能性もあります。変化をすばやくとらえ、その原因を探る姿勢が必要なのです。

◆ 流入元の行動履歴から改善案を割り出そう

アクセス解析で特に重要なのは、どの参照元から、どのようなアクセスがあったかという点です。

Google Analytics4にログインしたら、分析をしたいプロパティを選択し、画面左の「レポート」→「トラフィック獲得」を選択します。

検索...　1ページあたりの行数 10　1〜4/4

	セッションのデフォルト チャネル グループ	↓ユーザー	セッション	エンゲージのあったセッション数	セッションあたりの平均エンゲージメント時間	エンゲージのあったセッション数（1ユーザーあたり）
		413 全体の 100%	471 全体の 100%	307 全体の 100%	1分20秒 平均との差 0%	0.74 平均との差 0%
1	Direct	307	328	208	1分20秒	0.68
2	Organic Search	104	135	99	1分23秒	0.95
3	Organic Social	3	3	0	0分00秒	0.00
4	Unassigned	2	4	0	0分31秒	0.00

デフォルトチャネルグループによるアクセスの一覧が表示されます。これだとカテゴリが大雑把すぎるので、「セッションのデフォルトチャネルグループ」と表示されている列のタイトルをクリックして「セッションの 参照元/メディア」を選択します。これで、分析がしやすくなります。

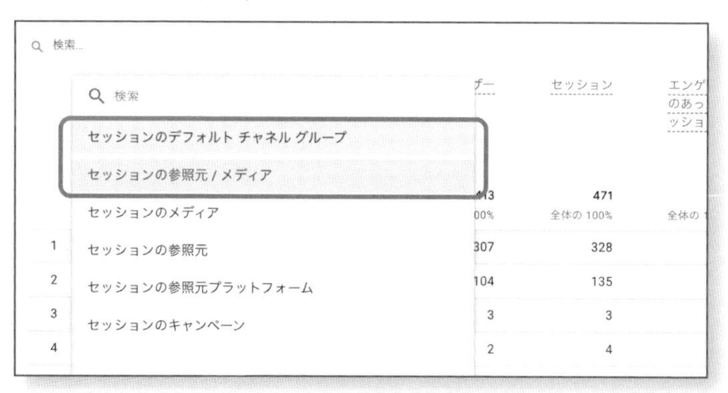

注目すべきは、各参照元/メディアごとのユーザー、セッションの増減とセッションあたりの平均エンゲージメント時間です。

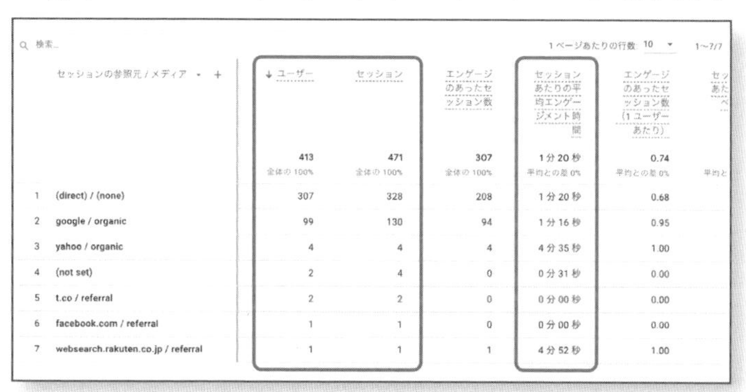

検索...　1ページあたりの行数 10　1〜7/7

	セッションの参照元 / メディア	↓ユーザー	セッション	エンゲージのあったセッション数	セッションあたりの平均エンゲージメント時間	エンゲージのあったセッション数（1ユーザーあたり）
		413 全体の 100%	471 全体の 100%	307 全体の 100%	1分20秒 平均との差 0%	0.74 平均との差 0%
1	(direct) / (none)	307	328	208	1分20秒	0.68
2	google / organic	99	130	94	1分16秒	0.95
3	yahoo / organic	4	4	4	4分35秒	1.00
4	(not set)	2	4	0	0分31秒	0.00
5	t.co / referral	2	2	0	0分00秒	0.00
6	facebook.com / referral	1	1	0	0分00秒	0.00
7	websearch.rakuten.co.jp / referral	1	1	1	4分52秒	1.00

また、表を右にずらしていくと、「コンバージョン」という列が表示されます。どの参照元/メディアから来たアクセスがWebサイトの目標であるコンバージョンに貢献しているかが数字で把握できます。

すべての参照元/メディアを細かく分析しているとキリがないので、たとえば売上の多くがGoogleの検索によるものであれば、「google/organic」のアクセス、もしこれから会社としてTwitterからのアクセスを増やす目標があるなら、「t.co/referral」のアクセス数が順調に増えているかをチェックします。

アクセスは少ないがコンバージョンが多い参照元/メディアがあれば、積極的に伸ばしていく価値があります。アクセスが多いのにコンバージョンが少ない参照元/メディアは、コンバージョンにつながらない理由を分析する必要があるでしょう。

複数コンバージョンを設定しているサイトであれば、コンバージョンの列名をクリックすると特定のコンバージョンに表示を絞り込むことも可能です。

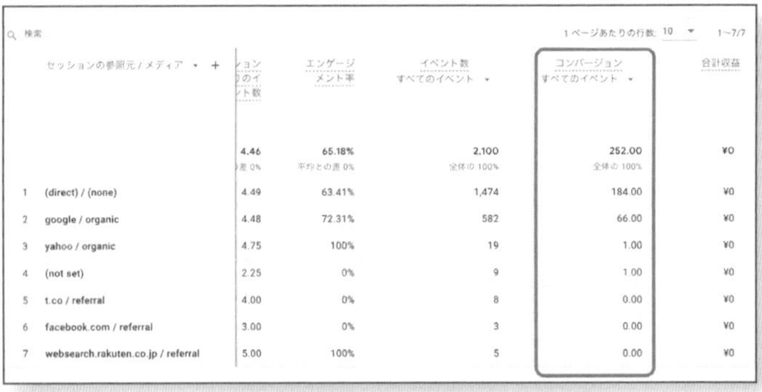

検索　1ページあたりの行数: 10　1~7/7

	セッションの参照元 / メディア	ョン のイ ト数	エンゲージメント率	イベント数 すべてのイベント	コンバージョン すべてのイベント	合計収益
		4.46 差 0%	65.18% 平均との差 0%	2,100 全体の 100%	252.00 全体の 100%	¥0
1	(direct) / (none)	4.49	63.41%	1,474	184.00	¥0
2	google / organic	4.48	72.31%	582	66.00	¥0
3	yahoo / organic	4.75	100%	19	1.00	¥0
4	(not set)	2.25	0%	9	1.00	¥0
5	t.co / referral	4.00	0%	8	0.00	¥0
6	facebook.com / referral	3.00	0%	3	0.00	¥0
7	websearch.rakuten.co.jp / referral	5.00	100%	5	0.00	¥0

◆ どんなページにアクセスがあるかを調べよう

各ページごとのアクセス数や、どのくらいページが読まれているかは大切な情報です。

Google Analytics4にログインしたら、分析をしたいプロパティを選択し、画面左の「レポート」→「エンゲージメント」→「ページとスクリーン」を選択します。

レポートに、Webページのタイトルと、表示回数などの情報が表示されます。

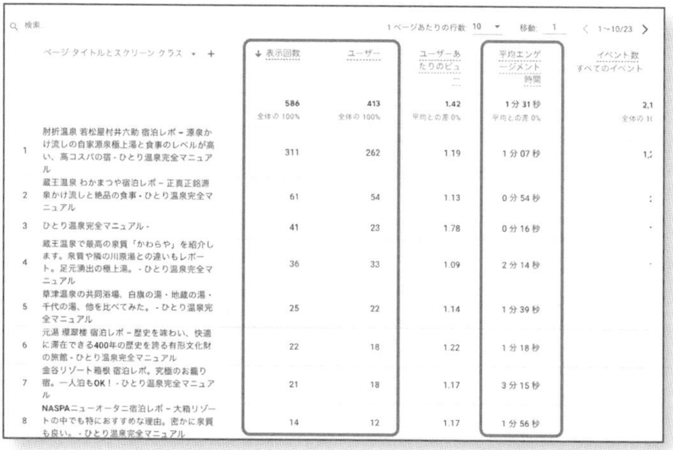

検索

1ページあたりの行数: 10　移動: 1　1～10/23

	ページ タイトルとスクリーン クラス	表示回数	ユーザー	ユーザーあたりのビュー	平均エンゲージメント時間	イベント数 すべてのイベント
		586 全体の100%	413 全体の100%	1.42 平均との差0%	1分31秒 平均との差0%	2,1 全体の1
1	射折温泉 若松屋村井六助 宿泊レポ－源泉かけ流しの自家源泉極上湯と食事のレベルが高い、高コスパの宿 - ひとり温泉完全マニュアル	311	262	1.19	1分07秒	1,
2	蔵王温泉 わかまつや宿泊レポ－正真正銘源泉かけ流しと絶品の食事 - ひとり温泉完全マニュアル	61	54	1.13	0分54秒	:
3	ひとり温泉完全マニュアル -	41	23	1.78	0分16秒	-
4	蔵王温泉で最高の泉質「かわらや」を紹介します。泉質や隣の川原湯との違いもレポート。足元湧出の極上湯。 - ひとり温泉完全マニュアル	36	33	1.09	2分14秒	-
5	草津温泉の共同浴場、白旗の湯・地蔵の湯・千代の湯、他を比べてみた。 - ひとり温泉完全マニュアル	25	22	1.14	1分39秒	
6	元湯 環翠楼 宿泊レポ－歴史を味わい、快適に滞在できる400年の歴史を誇る有形文化財の旅館 - ひとり温泉完全マニュアル	22	18	1.22	1分18秒	
7	金谷リゾート箱根 宿泊レポ。究極のお籠り宿。一人泊もOK！ - ひとり温泉完全マニュアル	21	18	1.17	3分15秒	
8	NASPAニューオータニ宿泊レポ－大箱リゾートの中でも特におすすめな理由。密かに泉質も良い。 - ひとり温泉完全マニュアル	14	12	1.17	1分56秒	

特に注目すべきは「表示回数」と「平均エンゲージメント時間」の2指標です。「表示回数」が多いにも関わらず、「平均エンゲージメント時間」が少ないページは、かなりもったいないです。もっとよく読んでもらえるように優先してコンテンツを改善すべきページになります。

逆に「平均エンゲージメント時間」が長く深く読まれているにも関わらず、「表示回数」が少ないコンテンツは、トップページからリンクを張る、関連ページからリンクを張るなどして、そのページへのアクセスを増やす施策を実施することが有効です。

◆どのページからアクセスするユーザーがコンバージョンしているかを調べよう

Webサイトは、トップページからのアクセスがすべてではありません。さまざまなページからのアクセスが想定されます。その中でも特にコンバージョンに結びついているランディングページ（ユーザーが最初にアクセスしたページ）を知ることは、改善の次の一手を打つのに有効です。

①Google Analytics4にログインしたら、分析をしたいプロパティを選択し、画面左の「レポート」→「エンゲージメント」→「コンバージョン」を選択します。設定済みのコンバージョンのデータが表示されるので、「イベント名」の列名の右の「+」印をクリックします。

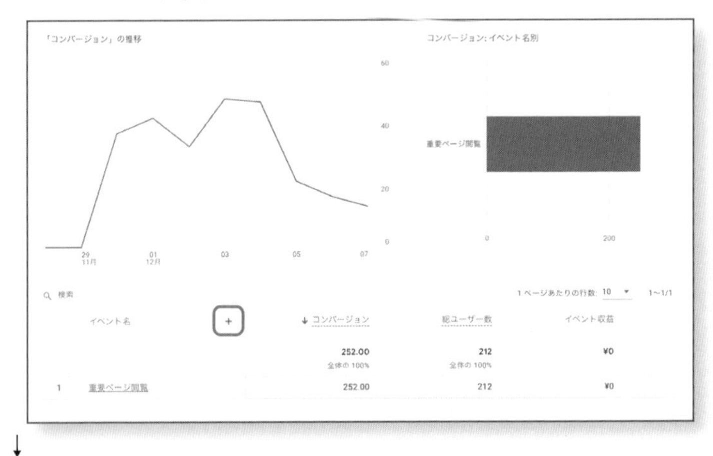

↓

②ポップアップされたところから「ページ / スクリーン」→「ランディングページ + クエリ文字列」を選択します。

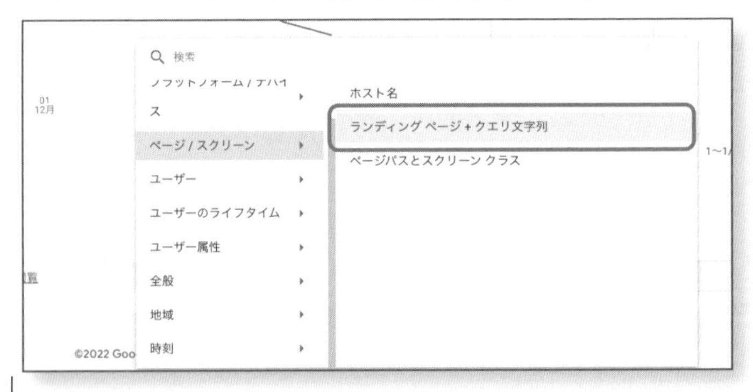

↓

③どのページを起点として（ランディングページとして）、コンバージョンが発生しているかがわかります。

特にコンバージョンが発生しやすいページを見つけたら、そのページへのアクセスを増やしたり、コンテンツを改善する施策が有効です。

◆過去のデータと比較を行なおう

Google Analytics4には、指定した期間を過去のデータと比較する機能があります。過去とくらべてどのくらいアクセスが増えているか、どんなメディアからのアクセスが増えているかなど、具体的に数値で見ることができるため大変参考になります。

データ比較の方法のサンプルとして、アカウント全体のスナップショットの画面で試してみましょう。

Google Analytics4にログインしたら、分析したいプロパティを選択し、画面左の「レポート」→「レポートのスナップショット」を選択してください。画面の右上にレポートの表示期間が表示されているので、その部分をクリックすると、カレンダーが出ます。

まずは分析したい期間を選択後、「比較」のチェックボックスをクリックします。選択した期間と同じ日数の過去データがカレンダーに緑色で表示されます。この状態で「適用」をクリックすると、過去データとの比較が表示されます。

たとえば、1か月の期間を指定すれば、指定した最初の日までの過去1か月間のデータとの比較が表示されます。1日の期間を選択すれば、前日のデータと比較データが表示されるというしくみです。

1週間、1か月、3か月、1年といったように、期間を変えてデータを見てみると、自分のサイトの成長や、市場の変化などを理解することができます。

Book Guide 6 章の内容で参考にしたい本

01

Googleアナリティクス4のやさしい教科書。手を動かしながら学ぶアクセス解析の基本と実践ポイント

[エムディエヌコーポレーション]

初学者がGoogle Analytics4を触り始めるのにおすすめの本。オールカラーで閲覧しやすく設定方法から、初学者が閲覧すべき項目などわかりやすく解説されている。

02

「やりたいこと」からパッと引けるGoogleアナリティクス4設定・分析のすべてがわかる本

[ソーテック社]

一歩先までGoogle Analytics4を活用するのにおすすめの一冊。応用的な解析から、データのインポートや、他ツールとの連携まで、高度な用途まで解説されている。

7

ECサイトとネット決済のしくみとポイント

近年、小さな会社が本格的なECサイトを運営するためのサービスが充実してきました。むしろサービスの種類が多すぎて、何を選べばいいか迷ってしまうほどです。本章では、ショッピングカートシステムの選び方、おすすめのサービス、適切な決済方法の取り入れ方、注文から配送までの考え方、ショッピングモールへの出店の注意点など、基本的な事項を確認しましょう。

1 小さな会社は断然レンタルショッピングカート

**内製化は費用コスト・事務コストがかかりすぎるので
レンタルがおすすめ**

人口減少や高齢化により国内のマーケットは縮小傾向にあるなかで、年々大幅に伸び続けているのがEC市場です。経産省の調査データによると、2021年のBtoCの国内のEC化率は約8.78%で、まだまだ全体の商取引の中でわずかです。しかし、前年度にくらべ7.35%の伸びとなっており、毎年マーケットが大幅に拡大しています。

既存の店舗での商品販売を行なっていた企業も自社でECサイトを開くケースが増えているほか、ECサイト用に新規に商品を開発して販売を始める企業も増えています。

◆ ECサイトの種類によって何をすべきかが異なる

ECサイトといっても、店舗展開や商品によって何をすべきかが大きく異なります。2つのケースに分けてみてみましょう。

①自社サイト販売型

自社のもつ独自ドメインでECサイトを運営するスタイルです。もともと自社のリアル店舗がある商品、サービスや、外部の店舗で取り扱ってもらっている商品（デパートやセレクトショップなどに納品しているもの）をネット上で直販するケースが適しています。

この場合は、すでに別の販路からリピーターがついている状態なので、最低限の検索エンジン対応をしていけば、既存のファンが商品をECサイトから購入してくれます。実店舗とネット販売の連携がとれれば、顧客にとって情報収集にも実物を見るにも利便性があります。こういったネットとリアルの複数チャネルの連携を、オムニチャネルといいます。

一方、自社ドメインでECサイトを立ち上げてまったくの新規商品を販売する場合は、何もしないとECサイトにアクセスが集まらないため、広告やPR、検索エンジン対策、アフィリエイトなど、さまざまなマーケティング手段に取り組むための費用及び労力が発生します。

②複数店舗モール型

外部のネットショップのECモールに店舗や商品を展開するスタイルです。メジャーなECモールに、Amazonや楽天市場、Yahoo!ショッピングなどがあります。それぞれのECモールには、購買意欲の高いユーザーがおり、モール自体が集客力をもっています。また、ネットショップを開くためのしくみも各モールである程度決まっていて、簡単に立ち上げることができます。一方で、各モールに手数料や利用料を支払う必要があるほか、常にモール内の競合と比較されることからリピーターの囲い込みに工夫が必要です。

多くの場合、複数のECモールにそれぞれ店舗を出店するため、複数店舗の更新や在庫管理の連携などが必要になります。また、ECモールごとに広告や検索システムなどが異なり、それぞれのしくみを理解して運用するなど独特のノウハウが必要になります。

前述の独自ドメインの自社サイトと、ECモールの店舗を同時に出店すると、ECモールのポイントシステムやユーザーの慣れなどから購入者がECモールに流出してしまい、手数料が発生してしまうという課題もあります。

◆ 内製化しようとせずレンタルショッピングカートを活用する

ECモールに出店する場合はしくみが決まっているので選択の余地はありませんが、独自ドメインでのEC店舗の場合はECサイトのシステムを準備する必要があります。ECサイトの立ち上げは年々簡単になっており、シンプルにECサイトを始めたいだけなら、自社でECサイトを一から構築するのではなく、レンタルショッピングカートシステムを利用するのがおすすめです。

ほとんどのショッピングカートシステムは、月額の利用料や商品が売れるごとの決済手数料を支払うだけで、高度にデザインされたECサイトのインターフェイスや、ショッピングカートの機能、各種決済機能など、ECサイトの運営に必要な機能がすべて利用できます。

こういった一つひとつの機能を自社システムで内製化しようとすると、機能を追加するごとに数十万円以上の費用が発生する可能性があります。

ユーザーの要望が日頃から届いているショッピングカート運営会社のほうが、「次」の流れを汲み取って対応する速度も速く、有効です。

◆ショッピングカートの選択基準

ショッピングカートは価格だけで選んでしまいがちですが、あとで大変な労力がかかることがあるので注意しましょう。

①自社の店舗運営に必要な機能がそろっている

当然ながら、自社の商品に対して必要な機能がそろっているかどうかが最初の判断基準になります。ショッピングカートのシステムだけでなく、メルマガの配信システムがどうなっているか、売上データはどのように管理できるかなど、きっちりデモを見た上で、わからないことはサポートセンターなどに質問しながらクリアにしていきましょう。

②必要とする決済手段に対応している

お客様が希望している決済手段を導入していないと、よい商品を取り扱っていても買ってもらえません。クレジットカード、代金引換、電子マネー決済など、さまざまな決済手段があるなかで、自社商品に必要な決済手段がそろっているものを選びます。

③頻繁に新機能がアップデートされている

出店者の利益がしっかりと考えられているシステムかどうかは、新機能が頻繁に追加されているかどうかが1つの基準になります。

「ショッピングカートのシステム名+新機能」といったワードをGoogleなどで検索すれば、新機能のお知らせページが表示されるので、確認できます。2～3年の間、新機能が追加されている気配がないショッピングカートは避けたほうがよいでしょう。

④実際に儲かっているショップが存在する

はじめてECサイトを運営する人にとっては、それぞれのショッピングカートの機能が、マーケティング上どのような価値があるのかを理解するのはむずかしいはずです。わかりやすい指標として、そのレンタルショッピングカートを使って成功している会社が存在するかどうかを確認するのは、有効です。

知名度の高い会社の事例ではなく、自社と同規模の運営体制で結果が出ているサイトがあるかどうかをチェックしましょう。

おすすめのレンタルショッピングカートシステム

●BASE
（https://thebase.in/）

無料でネットショップをつくることができるショッピングカートシステム。登録商品の上限もなく、「ひとまずショッピングカートでネットショップをオープンさせてみたい」という人に最適。決済手段のバリエーションが以下に紹介するカートより少ないが、一般的なECサイト運営には十分。

●Shopify
（https://www.shopify.com/jp）

世界最大の、ECサイト構築サービス。多言語対応などグローバル対応に優れており、海外に向けても販売していきたいECサイトに最適。月額の基本利用料金もショッピングカートの中では低額だが、高度な機能を追加していくにつれ料金が上乗せされていく。

●MakeShop
（https://www.makeshop.jp/）

ネット起業大手のGMOグループが運営するシステム。機能の数が豊富で、新機能も次々に追加されている。有償のものも含めあらゆるサポートサービスが提供されており、有名企業の実績も多く、本格的なネット運営を考える企業に向いている。

2 各種決済サービスの導入で注意すべきこと

**手数料と入金サイクルに留意して
自社に適したサービスを選ぼう**

◆ 各種決済サービスの手数料をチェックする

クレジットカード、コンビニ払い、銀行振込などの決済サービスを利用すると、手数料がかかるケースが大半ですが、自社で各決済サービスと契約した場合と、レンタルショッピングカートシステムなどを利用した場合では、手数料率が異なります。

レンタルショッピングカートシステムごと、または同じショッピングカートでも契約体系（コース）などによって手数料の金額がまったく異なる場合があります。

小さな会社の場合は、ほぼ確実にレンタルショッピングカートを利用するほうが決済手数料は安く済むはずですので、料金を比較してみましょう。前ページで紹介したような、ある程度の規模のレンタルショッピングカート業者は、契約店舗数が多く取扱額も大きいので、各種決済代行業者と割引料金で契約しています。

◆ 決済サービスの入金日とサイクルに注意する

レンタルショッピングカートなどと契約して決済代行サービスを利用する場合、盲点になりがちなのは入金サイクルです。翌月払いなのか、翌々月払いなのか、何日に入金されるのか。当然入金のサイクルは短ければ短いほど、資金繰りに悩まされるリスクが軽減できます。必ず契約前に入金サイクルをチェックしておきましょう。

◆ 決済サービスの種類と特徴

決済サービスはさまざまなものに対応しているに越したことはありません。

決済方法によって、ユーザーが感じる「おトク感」が変化します。

そのため、どの方法を採用するかによって注文数が増減することがあります。また決済手段をたくさん用意すればよいというわけではなく、質問やトラブル等が発生する可能性が高くなる面もあるため、自社にとって最適な手段を検討する必要があるのです。

ECサイトでよく使われる決済手段をまとめましたので、それぞれの特徴を理解するようにしましょう。

クレジットカード決済

国内のECサイトにおける決済の半分以上はクレジットカードによるものといわれ、個人相手のビジネスであればまず頭に入れなくてはいけません。

最もメジャーな決済方法であることから、第三者による不正利用が起こることも多いため、必ずセキュリティのしっかりしたシステムを導入する必要があります。

先述のように、ショッピングカートシステムによってクレジットカードの手数料率などが異なるため、事前の下調べは必須です。クレジットカードは手数料が高く、利益率の低い商品などの場合は、手数料で利益の多くが相殺されてしまうことがあるからです。

また、クレジットカードを所有しない人はもちろん、ネットでクレジットカードの利用をためらう人も少なくありませんので、下記に紹介するその他の決済手段も検討しましょう。

コンビニ決済

コンビニ決済には、主に２種類の支払方法があります。１つはコンビニの払込票をECサイト利用者に送り、最寄りのコンビニで直接支払ってもらうもの。もう１つは、払込票を送付せずに「お支払い番号」をメモもしくは印刷してもらって、近くのコンビニの端末で支払うペーパーレスのしくみです。
ペーパーレスだと、運営者側にとっては払込票を送付する手間などがなくなるため便利ですが、端末操作が利用者にとってむずかしいというケースも考えられますので、それぞれの方法を導入しておくのが望ましいでしょう。

ネットバンキング決済

ECサイトの決済画面から、直接利用者が契約しているインターネットバンキングの支払画面を通して支払う方法です。銀行振込とは異なり、ネットバンクへログインすれば口座番号や金額の入力を行なう必要がないため、手間がかかりません。
利用するためには、ショップ利用者が事前にネットバンキング決済に対応している金融機関と契約している必要があります。口座番号や金額の入力ミスがなく、一般の銀行振込よりも便利だといえるでしょう。

銀行振込

文字通り、指定の銀行に入金する方法です。振込手数料は利用者の負担となり、口座番号や金額の入力など手間のかかる作業が多いにもかかわらず、安心感からか未だに利用者が多い方法です。

電子マネー決済

特定の企業が発行する電子上の決済サービスです。代表的なものとしては、「楽天Edy」や「Yahoo!ウォレット」「PayPay」のようなQRコード決済、「Suica」のような交通系電子マネーなどがあり、年々利用者が増えています。

ペイジー決済

ECサイトでの商品注文後に発行される「支払い番号」をメモもしくは印刷して、銀行のATMで支払う方法です。
コンビニのペーパーレス決済と似ていますが、ペイジーは国内のほとんどの銀行が対応しているため、銀行のATMさえあれば、どこでも支払いができるのが魅力的です。銀行振込と異なり、金額や口座番号の打ち間違いが発生しない利点もあります。

ATM以外に、インターネットバンキングから支払うことも可能です。

郵便振替

郵便局の口座を利用した振込です。払込票を発行し、指定の口座に入金します。郵便局での振込手数料は銀行よりも安いため、利用者の多い決済方法です。手数料をショップもちにすることもできますので、利益率の高い商品を扱っているお店の場合は、利用者に喜ばれて注文率が上がる可能性が見込めれば検討しましょう。

代金引換

宅配事業者や郵便局が、商品引渡時に購入代金を回収するしくみです。運営者側からすれば、お金の取りっぱぐれがありませんし、利用者からすれば商品を確認してからお金を支払えるというメリットがあり、代金引換の利用者は未だに一定数存在します。

運営者にとってのデメリットは、お客様が商品の受取りを拒否した場合、代金引換手数料と送料の両方を運営者が負担しなければならなくなる点です。

3 注文から配送までのしくみはユーザー目線で構築する

ステップメールと十分な情報提供で
スムーズに買い求められるしくみを目指そう

◆配送のしくみをユーザーに丁寧に説明する

ECサイトでもっとも重要なのは、お客様が安心して商品を購入できる環境を徹底してつくり込むことです。もしあなたの会社が、知名度が高いとはいえない小さな会社であるならば、お客様は、「このお店にお金を振り込んで本当に商品が届くのか」「対応は丁寧なのか」など、基本的な点に不安を感じます。そのため、最初の購入には慎重になると考えてください。

注文から配送に関する情報は、どれだけ丁寧に書いても書きすぎることはありません。

ある成功しているECサイトでは、すべてのページの下部に配送に関する説明を丁寧に記載しているケースもあるほどです。

最低限、事前の説明が必要な項目は下記のとおりです。

①配送料

支払手数料と同様、購入者は配送料に敏感です。とくに地域ごとに配送料が大きく異なる場合は、それぞれの配送料を必ず明記するようにしましょう。

②配達地域・配達時間

配達可能な地域、また配達可能な時間は最短でどのくらいか、時間指定のスパン（3時間毎など）なども明記しましょう。地域によって、最短の指定時間が変わる場合もあります。

③支払い方法について

前出の支払い方法についても細かく知らせておきましょう。とくに代金引換や、銀行振込、コンビニ決済など手数料負担がかかるものについては、購入者が負担する旨や負担金額などを丁寧に記しておく必要があります。

④返品について

商品の返品に対応しているかどうか、対応している場合の条件(「到着後８日以内」「未開封、未使用のみ」など）を明記しておくことで、購入者とのトラブルを減らすことができます。

◆メールのやりとりに不備がないかチェックしておく

利用者が商品を注文してからメールを受けとるタイミングと、メールの文章は重要な要素です。

たとえば下記のステップで、一つひとつの段階ごとに細かくメールが配信されれば、購入者も安心です。

①商品の注文時の受付完了メール
↓
②銀行振込やコンビニ払いなど入金確認が必要な場合、
確認した時点での入金確認メール
↓
③商品発送時の発送完了メール
↓
④商品到着日の翌日、商品が到着したかどうかの確認メール

メールの文章についても、極端に機械的であったり、冷たい文面だと印象が悪くなるので、実際に文面を家族や知人などに見てもらい、失礼な文章になっていないか確認しましょう。人気店などで実際に注文をしてみて、メールの文面研究をするのもおすすめです。

◆配送を自社で行なうか業者に依頼するかを決める

ECサイトの運営では、商品の在庫スペース確保や管理、梱包から配送までの処理など、費用面、事務面ともにかなりのコストがかかります。特に小さな会社の場合、商品の倉庫管理から発送までを扱う代行業者を利用するのも有効な手段です。発送ミス、在庫管理ミスが軽減できるほか、とにかく作業量が減らせることは大きなメリットになります。

忙しくなって人手が足りなくなった場合、倉庫が確保できない場合などは、発送代行業者、物流倉庫業者などを利用したほうが、人件費や教育コスト、倉庫代よりも安上がりな場合がありますので検討をおすすめします。

業者を利用するデメリットは、一人ひとりに対するきめ細やかな対応ができなくなる点です。

リピーターとなってくれた人に感謝状を入れる、サプライズのプレゼントを付けるなど、自社スタッフならではの対応は実践しにくくなります。

◆配送代行業者を決める際のポイント

取扱商品によって、商品の保管方法や発送のノウハウは大きく異なります。たとえば、食品や化粧品などのように、保存と品質管理に高度なノウハウが必要な業種もあれば、大量の商品を抱えるアパレル関連では、在庫管理のノウハウが重要です。そのため、配送代行業者がどの分野に強いのかは最初のチェック項目となります。

業者と一度契約すると切り替えが大変ですし、誰もがベストという業者も見つけにくいものでもあります。必ず数社から話を聞いて、場合によっては倉庫の見学などをさせてもらいながら、慎重に検討することをおすすめします。

業者を決めるためのポイントは次のとおりです。

①自社の業種や関連商品に強いかどうか

ECサイトの商品によって、管理、配送のノウハウは大きく異なってきます。自分の業種に強い会社であるかどうかを確かめたほうがよいでしょう。

②同業種で成功しているECサイトと契約しているか？ また長期間契約が続いているか？

大きく売上を伸ばしているECサイトと長期契約が続いている配送代行業者は、繁盛しているECサイトから高い満足度を得ている証拠ですので当然ながらおすすめです。

③自社と同規模のショップも丁寧に取り扱っているか？

小さいECサイトでも、成長することを考えて、長期で付き合ってくれる気持ちがある配送代行業者なのかどうかは重要な問題です。小規模のECサイトを主に扱っている業者もあり、迅速できめ細やかなサービスをセールスポイントにしているところが多いようです。

4 ネットショッピングモールに出店する場合の注意点

むやみに出店せずモールに集まるユーザーの特徴を理解しよう

◆モールに出店すれば勝手に集客してもらえるわけではない

ECサイトを運営する際、大手ネットショッピングモールへの出店を検討する人も多いでしょう。大手のネットショッピングモールは、たくさんの顧客を抱えているだけでなく高い販売力をもっているため、たしかに魅力的です。

ただし、ショッピングモールに出店したからといって、あなたのお店の集客力が自動的に高まるわけではありません。その理由は3点あります。

①強力な競合店がひしめいている

ネットのショッピングモールでは、すでに人気のあるお店、競争力のあるお店がたくさんあるので、それらの競合店と競争をして勝たなくてはいけないという壁があります。商品によほどの独自性がある、価格競争力がある、あなたの会社のマーケティング力が高いなど突出した要素がなければ、人気店の影に埋もれてしまいます。

②多額の広告費が必要になる

ショッピングモールで売れているサイトの多くは、多額の広告費を払って集客しています。ショッピングモールでは頻繁にキャンペーンを行なっており、このキャンペーンに参加することではじめてショッピングモールが抱える優良顧客を活かすことができます。キャンペーンに参加する広告料はもちろん、キャンペーンをより魅力的にするための期間限定・商品限定での値引き、ポイント倍増のキャンペーンなど、店舗側が身銭を切ることで成り立つ集客方法が主力になっているため、ある程度の広告費を計上できないとジリ貧になる可能性があります。

③顧客の目が肥えている

ショッピングモールで頻繁に買い物をする「優良客」は、売れ筋のお店を多数回って購入を決めていたり、価格が安い店や突出してよい商品を扱っている店では財布の紐が緩い一方、「特徴のないお店」では財布の紐がかたい傾向があります。

これは、ネット上でない通常のデパートや、イオンなど巨大ショッピングモールの状況によく似ています。いくらモール全体が買い物客で賑わっていても、行列ができたり人気が出るお店に人は集中し、魅力のないお店は閑古鳥が鳴いています。人通りが多くても、魅力の乏しい店舗にお客様は来ないのです。むしろ、周囲によい店があるからこそ、余計に売上が伸びないという状況も起こりえます。

◆ モールでしか売れない商品がある

ここまでネットショッピングモールの注意点を並べましたが、モールならではの大きな利点があります。大手のネットショッピングモールには買物好きな人が集まっており、ここでしか売れない商品がたくさん存在するという点です。

それは「すすめられればほしい人がいるが、検索エンジンでは検索されない商品」です。

たとえばテレビショッピングで売れる商品が当てはまるでしょう。生活に必ずしも必要ではないけれども、テレビショッピングの映像を見ているうちにほしくなって買ってしまう。そういう類の商品は、モールと相性がよいといえます。

すすめられてはじめてほしくなるということは、お客様が検索エンジンで自ら調べることもないわけですから、SEOやリスティング広告からの集客は不可能です。むしろ、モールからメルマガなどのキャンペーンで紹介していくほうが、成功率は高まります。

◆モールで売れる商品の特徴とは

モールだからこそ売れる商品は、大きく分けて２つあります。

１つめは「カニ」「チーズケーキ」など、近所のスーパーなどにも売っているが、あまりにも一般的すぎてそれ自体で検索されることが少ない商品です。一般的だからこそ、たとえば「絶品！　濃厚レアチーズケーキ」などと「普通と違う」ことがアピールしやすく、うっかり買いたくなるような購買意欲をそそるのです。

２つめは、商品自体は魅力的だが、市場がニッチすぎたり、新しすぎて誰も検索する人がいないものです。ユニークな健康器具や普及前の最新の化粧品などが含まれるでしょう。

5 ソフトウェアを利用して自社でシステムを作成する

ある程度技術に自信があれば既存のソフトをカスタマイズしてコストを抑えよう

◆ECサイト構築ソフトを業者に頼んでカスタマイズする

ECサイトのシステムを自前でつくりたいという人も少なくありません。一からシステムをつくらなくても、基本的なデザイン、ショッピングカートのシステム、メール配信、商品情報管理まで無料で構築でき、かつ自由に改造できるECサイト用ソフトウェアもあります。

デザインやシステムの機能の追加も自社で行なえるので便利ですが、当然改造には高度な専門知識が必要ですから、専門業者への依頼など、別途費用がかかると考えてください。

それでも、すべてのシステムをゼロからつくるわけではなく、基本的にシステムに手を入れるだけでショッピングサイトが作成できることから、費用も最低限に抑えることができます。

◆おすすめサービス「EC-CUBE」

国内のECサイト構築ソフトウェアで、最も利用者が多いとされるのが「EC-CUBE」です（2022年現在推定35,000社）。EC-CUBEは、株式会社イーシーキューブ社が開発し、オープンソースとして無償提供されているソフトです。システム自体の改変が自由に行なえるほか、基本的なECサイトには申し分ない機能が盛り込まれています。

日本でもっとも利用されているネットショップサービスということで、EC-CUBEとのみ連携しているサービスも多く、拡張性が高いことも特徴です。簡単にいえば、コストをかけずに自社好みのカスタマイズが可能なECサイトがつくれるということです。

◆クラウドファンディングを活用する

最近のECサイトの流れの１つとして、商品の企画段階でクラウドファンディングから資金を集めて予約販売するという方法が増えてきています。

利用するクラウドファンディングのプラットフォームとして有名なものでは「Makuake」「CAMPFIRE」などがあります。サイトオーナーは「○○という素晴らしい商品をつくりたいのでほしい人いますか」と募集をかけてお金が集まったら製造して、投資してくれた人に初回の商品を発送するというしくみです。

これを用いれば、新商品を開発したときにどのくらいの反応があるかがわかり、また初回製造のコストも回収することが可能です。一定の需要が見込めたら、その後ECサイトを立ち上げるというプロセスも可能です。

ECサイトの代表的キャンペーン

ここでは、ECサイトに効果的なキャンペーンを紹介します。赤字分は「広告費」と割り切り、リピーターの獲得を狙って初回購入者の数を増やすために値引きなどのキャンペーンを行なうことは、小さな会社のECサイトにも有効な施策といえます。キャンペーンの告知は、トップページバナー、メールマガジンや、モールのメール広告などで行なうのが定石となっています。

値引き

期間限定で値引きを行なう基本的な方法。基本的ゆえ実施するECサイトも多く、思い切った値引き金額でないとインパクトが少なくなっている。

送料無料

広義では「値引き」だが、「送料無料」としたほうが、送料と同程度の価格を商品価格から値引きするよりインパクトが大きく、効果も出やすい。中途半端な値下げをするくらいなら、「送料無料」とするほうが得策といえる。

ポイントアップ

ポイントシステムを採用するECサイトに有効な手段。自社でのみ使えるポイントであれば、リピーターがライバルサイトに流れず、運営者側の費用負担が少ないため実施しやすい。契約しているモールのポイントであれば、他のECサイトでもポイントが利用できることから、新規顧客の獲得においても効果は高い。

プレゼント

キャンペーン期間に限って「オマケ」をつける方法。商品券などもアリだが、自社商品をそのままプレゼントすれば原価（仕入れ値）のみで実施できるため、同じ金額を割引するよりも負担は少ない。余っている商品をプレゼント用にすれば在庫処理もできるため一石二鳥だが、売れない商品をオマケしても喜ばれない可能性もある。むしろ、これから売り出したい商品のサンプルをつけたり、口コミを書いてもらうことを条件に提供するなど、今後の販売促進とセットにする方法を用いると効果的だ。

Book Guide 7 章の内容で参考にしたい本

01

ネットショップ、開店します。
はじめての開店準備から制作・運営・集客まで全部わかる

[エムディエヌコーポレーション]

ネットショップの運営について、初心者でもわかりやすく必要なことを網羅してくれている一冊。特に、BASEやSTORESのショッピングカートでお店を始める人におすすめ。

02

ネットショップ初心者でも売れる商品写真の基礎知識とつくり方

[玄光社]

ECサイトで売上につながる魅力的な商品写真を撮影するための知識が身につく一冊。自分で撮影するときだけでなく、カメラマンに発注する際にも役に立つ知識が盛りだくさん。

03

Shopify運用大全
最先端ECサイトを成功に導く81の活用法

[インプレス]

Shopifyを利用してECサイトを運営する人に特化した一冊。実際のShopifyで構築されたECサイトの事例も複数あり、イメージが湧きやすい。

8

ネットセキュリティの基本

小さな会社では、セキュリティに多額の費用をかけるのは現実的ではないでしょう。とはいえ、セキュリティについて無頓着でいられるはずはありません。Web上で発生する主なセキュリティ上の問題は、原因が限られています。本章では、これだけを押さえておけば多くのトラブルが回避できる、という知識をまとめます。無用なトラブルは極力回避して、売上を伸ばす業務に集中できる体制を整えましょう。

1 小さな会社が押さえておくべきネットセキュリティの基本

特定商取引法と個人情報保護法のポイントを押さえよう

しばしばニュースにとりあげられるインターネット上の情報漏えいの情報には、大変な不安をかき立てられるでしょう。中小企業では、ネットセキュリティに高い費用をかけることもできず、とはいえまったくセキュリティを意識しないわけにはいかず、費用対効果のバランスを考えにくいものです。

しかし、小さな会社では、ネットセキュリティに関する次の４つに注意するだけで、リスクが大きく軽減できます。

①特定商取引法や個人情報保護に関する記述を充実させる
②クレジットカード、住所、電話番号などの重要な個人情報のやり取りを行なう際には、暗号化する
③ウイルス感染に注意する
④社内のヒューマンエラーを減らす努力としくみをつくる

以下、項目をまたぎながら詳しく解説していきます。

◆特定商取引法の必要項目

インターネット上で商品を販売するにあたっては、特定商取引法に関する表示が義務づけられます。これは、消費者への被害が発生することを防ぐこと、また消費者への適正な情報提供の観点から、義務付けられているものです。

インターネットで商品の販売をする場合、特定商取引法に関する表示がないことは、法律違反であるだけではありません。

訪問者の信頼感を著しく損ないます。

ネットショップにおける「特定商取引法に関する表示」で、記述が必要な項目例は以下のとおりです。

- ●販売業者名
- ●Webサイト名
- ●WebサイトURL
- ●運営責任者
- ●所在地
- ●連絡先（電話番号、FAX番号、メールアドレス）
- ●販売価格
- ●販売数量
- ●商品以外の必要金額
- ●申込みの有効期限
- ●支払い対応方法
- ●支払い期限
- ●商品の引渡し時期
- ●返品・交換について
- ●サービスの停止について
- ●その他、販売条件について

具体的な記入内容については、自社に近い商材を販売しているサイトを参考にするのが一番の近道です。

レンタルショッピングカートシステムを利用するときは、ほとんどの場合「特定商取引法に関する表示」のガイドが用意されていますので、ガイドにそって記入すれば、自然に「特定商取引法に関する表示」として完成する内容になっています。

2 個人情報保護法とプライバシーポリシー

個人情報保護法にのっとったプライバシーポリシーで ユーザーの不安を取り除こう

◆ 個人情報を扱う際に押さえておくべきポイントを整理しよう

個人情報の保護に関する法律（個人情報保護法）により、個人情報を取り扱う事業者に対して、個人情報の不正な取得の禁止や、本人の同意を得ずに行なう第三者への提供の禁止、個人情報漏えいの防止、苦情への迅速な対応が義務付けられています。

法律の要点を整理すると、個人情報を取得する場合は、個人情報の利用内容を明確にし、利用者に同意してもらう必要があるほか、第三者に提供を行なってはいけないという内容です。

たとえば商品を購入してくれた人にメルマガを送りたい場合、事前に「登録してもらったメールアドレスにメルマガを送ってもいいかどうか」の許可を取る必要があるほか、まったく関係のない用途にそのメールアドレスを利用してはいけないということです。

◆ プライバシーポリシーのサンプル

これらのルールを守ることは当然のことですが、利用者に対して余計な不安を抱かせないように、事前に個人情報に対する態度（ポリシー）を明確にしておく必要があります。

Webサイト内に「プライバシーポリシー（個人情報保護）」の項目をつくっておき、利用者の信頼を損ねないようにしましょう。

次ページにプライバシーポリシーのサンプルを掲載しましたので自社の販売形態などに合わせて修正し、活用してみてください。

プライバシーポリシーのサンプル文面

・株式会社○○（以下「当社」）は、お客様のプライバシー・個人情報及び設定内容などを保護することは、当社が事業活動を行なう上での責務と考えています。

・当社Webページからのお申込・お問合せ、申込書によるお申込、メール・電話によるお問合せを問わず、お客様から明示された特定の個人を識別できる情報（以下「個人情報」）について下記のとおり取り扱うものとします。

・個人情報とはお客様を識別できる情報のことで、氏名、住所、電話番号、メールアドレスなどをいいます。

・当社が個人情報を収集する場合は、収集目的を明らかにし、必要な範囲内の個人情報を収集いたします。

・当社は取得した個人情報について適切な管理に努めると共に個人情報の漏えい、改ざん、不正な侵入の防止に努めます。

・当社は取得した個人情報を次の各項の場合を除いて、原則として第三者に提供、開示などいたしません。

①法律上照会権限を有する者から書面による正式な協力要請、照会があった場合

②お客様の同意があった場合

・お客様が、ご自身の個人情報について照会、修正などを希望される場合には、当社が定める方法によりお客様であることが確認できた場合に限り対応させていただきます。

・当社は、当社が保有する個人情報に関して適用される日本の法令、その他規範を遵守するとともに、本ポリシーの内容を適宜見直し、その改善に努めます。

20○○年○○月○○日制定

◆SSLで情報を暗号化する

クレジットカードの情報や、電話番号、住所の情報などの極めて重要な情報を扱う際は、SSLという情報暗号化のしくみを利用しましょう。ECサイトのように決済が絡むシステムを利用する場合は、SSLを導入しないと危険です。

SSLについては、現在Let's Encryptという認証局を利用すれば無料で導入及び更新が可能です。「さくらサーバ」のような大手のレンタルサーバでは、Let's Encryptを利用したSSL認証の取得及び自動更新サービスを無料提供しているものも多く、レンタルサーバの管理画面から簡単に設定できるようになっています。

無料のSSLであるからといって、Let's Encryptは暗号強度が有料のSSLよりも弱いかというと決してそんなことはなく、同水準の強度が期待できます。

無料SSL証明書のデメリットは、更新のスパンが短く90日に1回更新作業が必要になる点です。これについては、レンタルサーバ会社が自動で更新してくれるケースでは問題とはなりません。

また有料のSSL証明書では、手厚いサポートや付帯するサービス（たとえば、認証局側の過失により発生したクレジットカード被害の保障など）が存在しているのですが、無償の証明書ではそういった恩恵がないという点も注意が必要です。

とはいえ、一般論として小さな会社の場合は、無償のSSL証明書でも問題は発生しないでしょう。

3 コンピューターウイルスの感染経路と事前対策

5つの感染経路を押さえて
ウイルスに感染しないしくみを構築しよう

情報漏えいやネットトラブルの発生源としてもっとも危険なものの1つがコンピューターウイルスです。感染したパソコンのファイルを壊すものから、パソコン自体が乗っ取られてしまうものまでさまざまです。

ただし、ウイルスの感染経路は限定されています。決して、顧客データなど重要情報が入ったパソコンを感染させないよう、まずはウイルスの代表的な感染経路を把握しておきましょう。

◆代表的な5つの感染経路

①電子メールによる感染

メールに添付されているファイルを開くとプログラムが実行されウイルスに感染するというもっともポピュラーな経路です。その他、HTMLメールの中に「スクリプト」を入れることで、HTMLメールを開いただけで感染するタイプも存在します。

②Webサイトの閲覧による感染

Webサイトを閲覧するだけで感染してしまうケースもあります。Webブラウザでウイルスが埋め込まれたページを閲覧しただけでプログラムが実行され、コンピューターがウイルスに感染します。

これは、Webページそのものがウイルスに感染していることが前提で起こります。セキュリティの脆弱な個人サイト、無料ソフトをダウンロードできるサイト、アダルトサイトなどからの感染が中心です。

③USBメモリからの感染

USBメモリのデータ内にウイルスの発生源が存在し、USBメモリを差し込んだだけでパソコンがウイルスに感染するケースです。悪質なものになると、感染したコンピューターに後から差し込んだUSBメモリにウイルスが感染し、次々と被害を拡大させていくこともあります。

④ファイル共有ソフトからの感染

ファイル共有ソフトとは、不特定多数のユーザーとネットワーク上でファイルの交換を行なうことができるソフトウェアです。このネットワークを介してウイルスを潜り込ませたファイルをダウンロードさせて感染を広げます。ゲームや音楽データなど一般のファイルに偽装して感染させる手口が多いため、気づかずに感染するケースが多く注意が必要です。

⑤マクロプログラムによる感染

マクロプログラムとは、マイクロソフトオフィス（Word、Excel、PowerPoint、Access）などに搭載されているプログラムの機能です。ウイルスを仕込んだマクロプログラムを実行するだけで、コンピューターがウイルスに感染してしまいます。

◆基本的なウイルス対策方法

小さな会社では、セキュリティ対策の専門人員を用意するのはほとんど不可能ですし、社員に充分な教育を行なうのも現実的ではありません。まず、必ず社内のパソコンすべてにウイルス対策ソフトを導入してください。

そしてウイルス対策ソフトのファイル定義を頻繁に最新版にしておくことと、ウイルスチェックを頻繁に行なうこと。これだけで、ウイルス感染率が軽減できるだけでなく、実際にコンピューターが感染しても、被害が広がる前にウイルスを発見することができます。

それ以外には、実は究極のウイルス対策ともいえる方法が２つあります。

①社内のコンピューターをすべてアップル製（Mac）に変える

実は、世の中のコンピューターウイルスの大半はWindowsのOSをターゲットにしたものになっています。コンピューターをMacに変えただけで、ウイルスに感染するリスクが激減します。リスクがゼロになるとはいえませんが、数分の１以下になるといってもよいです。

②社内のメールシステムをGoogle Workspaceに変える

メールをGoogle Workspaceもしくは、Gmailを利用することでメール経由のウイルス感染リスクを大幅に減らすことができます。というのも、Googleのメールフィルタは極めて優秀で、事前にスパムやウイルスのリスクがあるメールをすべて弾いたり、迷惑メールに振り分けたりしてくれるからです。

これらについては、会社のしくみの都合上、なかなか実行がむずかしいかもしれませんが、規模が小さく小回りがきく会社でしたら、ぜひ検討してください。会社でむずかしければ、プライベートのPC環境を変えるのもおすすめです。

その他、次ページのような点に注意することで、ウイルスの感染率を可能な限り下げることを意識しましょう。

コンピューターウイルスの感染を防ぐための対策

- □ 身に覚えのないメールは開封しない
- □ メールのシステムは、ウイルス除去などのセキュリティが入ったものを利用する
- □ 会社のパソコンで、アダルトサイトや素人のつくった個人サイトの閲覧は避ける
- □ USBメモリを使ったデータの受渡しは極力避ける。USBでデータの受渡しをしたあとは、セキュリティでウイルスのチェックを行なう
- □ 安全が確保されていない（出所のハッキリしない）、Officeファイル（Word、Excel、PowerPoint、Access）のマクロを起動しない

4 ヒューマンエラーの芽の摘み方

担当者の注意力を過信せず、自動的にミスを回避する施策を徹底させよう

セキュリティの問題は、コンピューターシステムよりも、管理する人間が原因となる場合がほとんどです。

いくらコンピューターのセキュリティをガチガチにかためていても、メールで機密情報を間違って送信した瞬間に「アウト」です。

とはいえ、そうしたヒューマンエラーにおいても、トラブルが起きやすい場面は限られているので、その点だけでも注意するよう社内でガイドラインを定めておきましょう。

◆メールでセキュリティ情報を送信する際の基準を決める

もっとも多い情報のトラブルがメールの誤送信です。添付するファイルを間違えて機密情報をうっかり社外の人間に送ってしまったり、セキュリティ上極めて重要なIDやパスワードをそのままメールの本文に書いて送ったりなど、ちょっとした怠慢やミスでトラブルが発生しています。以下の点を社内で共有しておくだけで、トラブルのほとんどが回避できるはずです。

・メールを送る前に数十秒程度、送り先や、添付したファイルが間違っていないかチェックを行なう
・重要なIDやパスワードが含まれた情報は、パスワード付きのファイルを添付して送信するようにする
・外出時のスマートフォンなど、モバイル端末ではミスが増えやすいので、重要なメールはモバイル端末では送信しない

◆ ファイルをWeb上にアップロードする際の注意点

顧客データなどが漏えいする原因としてよくある事例の1つが、Web上に間違えて顧客データをアップロードし、誰でもアクセスできる場所に放置してしまうトラブルです。

・あらぬところに顧客データが入っていることがないか、フォルダ管理を徹底する

・重要な顧客情報が入っているExcelファイルなどにはパスワードをかける

◆ USBの中に重要データを入れっぱなしにしない

USBメモリは小さいので重要な社内情報を入れたままにしておくのは、紛失の恐れが大きく大変危険です。

USBメモリで重要な情報を受渡しすること自体が望ましくありませんが、どうしてもそうせざるを得ない場合は、データの受渡し後すぐにメモリ内の重要データを削除するようにしましょう。

◆ パスワードを簡単なものにしない

TwitterやInstagramなど、会社の中でもWeb上からログインすることで簡単に利用できるツールがどんどん増えています。しかし、それと同時に、ネット上でのアカウントの乗っ取り被害も増加しているのです。

その一番の原因は、パスワードがシンプルすぎることです。パスワードが短く英語だけで構成されていると、簡単にアカウントが乗っ取られます。実際にGmailなどのメールアカウントで乗っ取りの被害に合っているのは、パスワードがシンプルなアカウントです。

以下のルールにしたがって、パスワードを変更していきましょう。

・数字と英語をバラバラに組み合わせたものにする

・意味のわかりやすい単語をパスワードにしない
（Fujiyama,yamadaなど）

・パスワードを長期間同じものにしない

9

Webを使った採用戦略

若年層の人口減少に伴って、優秀な人材採用の競争が年々激しくなってきています。コストをかけて採用してもすぐに離職するリスクもあるため、長く働いてくれる人材を獲得するために、自社にあった人材に来てもらう必要性も増しています。本章では、小さな会社が採用に関するコンテンツで有効なポイントをまとめています。限られたリソースの中で最大限効果のある採用コンテンツを準備しましょう。

1 採用サイトの基本

小さな会社が押さえておくべき
採用サイトのポイント

◆高まる自社採用サイトの重要性

求職者が求人を探す場合や複数ある仕事の中から絞り込む場合、高確率で応募先の企業サイトを閲覧します。若年層であれば、本人だけでなく親など家族の目にもとまる可能性が高いです。

その際に決め手になるのが、「採用に関係するコンテンツ」が充実しているかどうかです。これがないと、いくらお金をかけて求人サイトに掲載したり、ハローワーク、大学、専門学校、高校などに積極的に働きかけたりしても、効果は薄くなります。Webサイトを見たときに、実際に働いたときのイメージが湧くようなコンテンツがなく、魅力をアピールできなければ、ほかの魅力ある会社に流れてしまうでしょう。

そのため、可能であれば、採用だけに特化した「採用サイト」を、それが難しいとしても「採用特集ページ」を必ず作成するようにしましょう。採用サイトをつくり込むことで、求職者数が前年の1.5倍～2倍に増えた、求職者の質があがったという事例は非常に多いです。多くの企業が求人サイトに力を入れているのは、決して自己満足ではなく、それだけの価値があるからです。

また、採用に特化したコンテンツをつくり込んだうえで、アクセス解析でそのコンテンツを閲覧している人を分析すれば、あなたの会社に興味をもっている採用見込みの人たちがどれくらいいるのかも可視化できます。もし、アクセス数が少なすぎるようだったら、コンテンツの充実だけでなく外に働きかけて認知や集客（求職者）を行なう必要があります。課題が集客なのか、魅力の伝え方なのかで力をいれる方向性は大きく変わってきます。

◆採用サイトでニーズがあるコンテンツとは？

では実際に採用コンテンツを作成するとして、そもそも何を伝えるべきなのでしょうか。もちろん、募集要項などをつらつらと書いただけでは不十分です。また、「こんな人材に来てほしい」という、経営側からの「要望（というより上から目線の要求）」ばかりを書いても求職者の足が遠のくだけです。

まずは、求職者がどんな情報を求めているのかという、利用者目線で考える必要があります。一定の経験を有した転職組では、給与、福利厚生、残業時間など、いわゆる具体的な労働条件についての情報ニーズが高くなります。一方で、新卒などの若年層は、その企業の働きがいや、長く仕事を続けた場合のキャリアプランといった情報を求める傾向が明確にあります。

さて、具体的なコンテンツですが、一番重要なのが、すでに働いている人の生の声です。どんな仕事に日々取り組んでいるのか、どのような思いで働いているのか、楽しいことや苦労していることは何なのかという情報を、オープンにしていくことが何より大切です。

取り繕った代表メッセージや企業理念などよりも、生の声のほうが共感もしやすく説得力があり、求職者にははるかに心に響きます。

◆働いている人の声は誰のどんな内容にすればいいのか

このようなコンテンツにふさわしい対象は、どんな社員、スタッフなのでしょうか。若年層の就業者がほしい場合であれば、まずインタビューの半分〜３分の１は、入社後１〜２年の社員にすべきです。

というのも、自分が仕事に就いてから１〜２年後の短期的な未来というのが、求職者にとってもっとも気になる点だからです。残りは、就業後５〜10年など、自分の将来のキャリアプランがみえる人たちのインタビューで構成しましょう。短期的な条件だけでなく、求職者の多くは、あなたの会社に勤務した将来的なキャリアがどうなるのかというのを知りたがっています。

これらについては当然、インタビューを受ける人たちの写真などビジュアルコンテンツが必須です。できれば、インタビューは動画で用意しましょう。編集された文章ではないため、真実味が出て、実際の人となりを感じることでぐっと親しみやすくなります。

インタビューの内容については、仕事の内容や職場の話だけでなく、プライベートの話も入れるようにしましょう。親近感も増しますし、ワークライフバランスが実現できるか気になっている求職者

求職者が知りたいデータを提示する

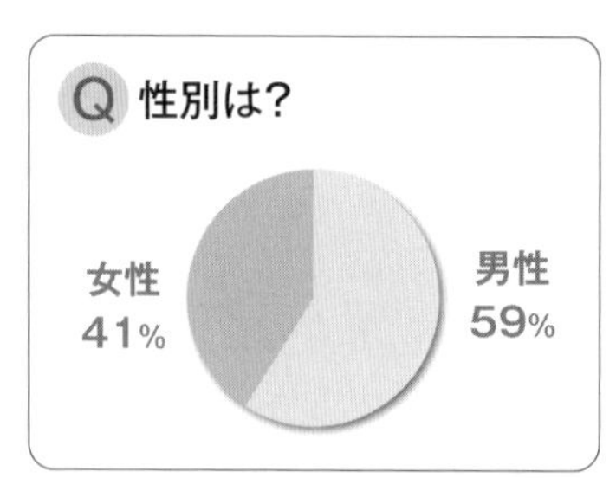

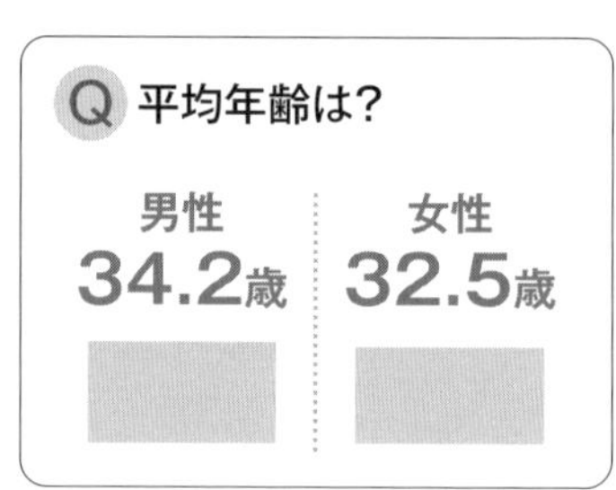

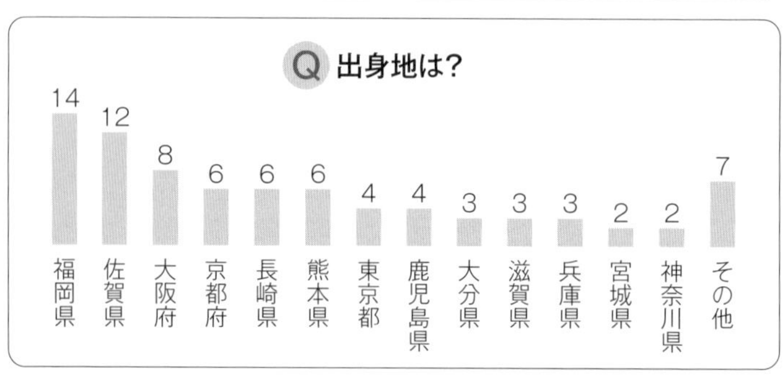

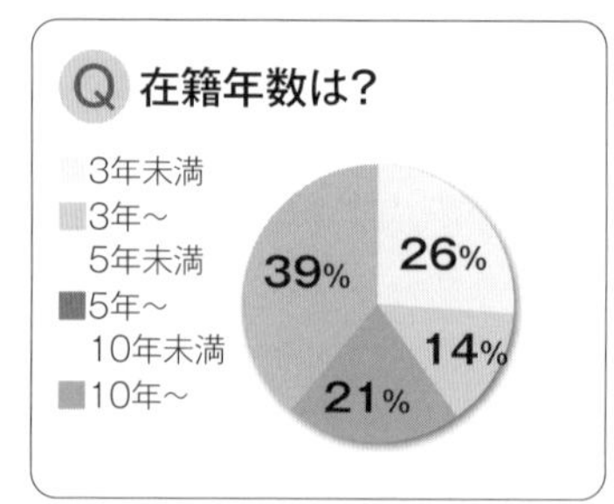

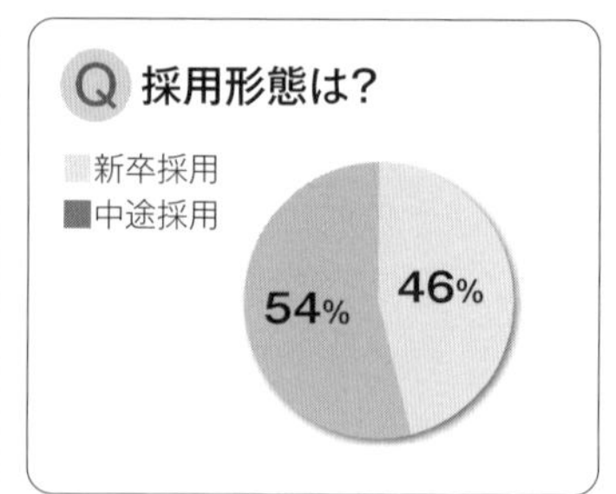

も多いからです。また、苦労した話など、マイナス面をきちんと伝えることも重要です。ネガティブな面のない職場などありませんし、求職者もそれらを知ったうえで自分にあった職場を選びたいはずです。情報をオープンにすることで信用も高まります。終身雇用を期待しなくなった今となっては、あなたの会社を辞めて転職して活躍した人（卒業生）のキャリアも取材して掲載してもよいくらいです。

具体的な数値データも、求職者が知りたい情報です。たとえば、男女比や、平均年齢、地方であれば、就業者には地元の人が多いのか、地元以外の人も仕事をしているのかといった出身地の情報など、グラフや数字で示すと求職者は安心するでしょう。

転職や、中途採用を狙うのであれば、給与など具体的な条件が重要になります。福利厚生も含めた条件面は明確に書いたほうがよいでしょう。どうしても条件面に自信がなく優位性がないと感じるのであれば、前述したような、親近感とオープンな情報で勝負しましょう。

◆ エントリーフォームはわかりやすく

また、重要になるのが採用のエントリーフォームです。むやみに質問項目を増やしたり、細かい情報を要求したりするのは避けるべきです。履歴書も手書きなどは不要とし、電子の履歴書を受け付けるようにしましょう。

パートやアルバイトの採用であれば、エントリーに必要な情報は、名前、メールアドレス、電話番号で十分です。場合によっては、所属（卒業）学校名や、住所なども不要です。こういった細かい情報を記入しているうちに、求職者は試されている気持ちになり、「私なんかが応募してよいのだろうか」と躊躇してしまいます。これらの情報は、後で電話やメール、面接で聞けばいいことです。

採用サイトに必要なコンテンツ作成

コンテンツ作成の起点はQ&Aから始める

◆採用サイトのお客様は「求職者」

採用サイトのコンテンツを自社でつくろうとしたとき、真っ先に「ほしいと思う人材を集めるために伝えたいメッセージ」を考えてしまっていませんか。気持ちはわかりますが、自社の理念や特徴、歴史など、とにかく自社視点で伝えたいことを伝えようとするのは、望ましいことではありません。

忘れがちですが、採用サイトにおける「お客様」は、サイトを訪問してくれる「求職者」です。

自社の希望をぶつけるのではなく、相手のニーズに沿ったコンテンツ作成が重要なのです。

◆採用サイトのコンテンツはQ&Aを起点に

もっとも効果的なのは、「よくある質問（Q&A）」をリストアップすることです。回答を考える必要はありません。まずは、ひたすら求職者が気になりそうな質問を洗い出してみましょう。

どれだけ「よくある質問」のパターンが洗い出せるかが、採用コンテンツの質を決めるといってもよいでしょう。求職者にとっては、一方的にあなたの会社の特徴や歴史、社員の心得などをぶつけられるより、自分の不安な点について向き合ってくれているかの方がはるかに重要です。放っておいても優秀な求職者が集まってくるような魅力的な会社であれば話は別ですが、求職者にとってはあなたの会社は複数ある選択肢の１つでしかありません。

洗い出した「よくある質問」とその回答は、採用サイトにそのまま「よくある質問（Q&A）」というページをつくって掲載しましょう。これで、求職者の不安を大きく減らすことができ、情報がオープンであることも高い評価につながります。数はどれだけ多くても構わないですし、文章が長いのも問題ないです。求職者が一番知りたいコンテンツなので、出し惜しみする理由はありません。

よくある質問の項目が思いつかない、回答やサンプルがわからないということであれば、Googleで「新卒サイト よくある質問」「採用サイト よくある質問」で検索してみてください。たくさんの企業の採用サイトのQ&Aページが出てきます。上位に表示されるページは、コンテンツが豊富なものも多く大変参考になります。

「よくある質問（Q＆A）」例

Q 語学力は採用選考の対象になりますか？

A 特定の基準は定めていませんが、英語をはじめとする外国語の語学力はプラス要素として採用選考の対象としております。

Q 必要な資格はありますか？

A 必須のスキルはありませんが、有用な資格をお持ちであればアピールしてください。

Q 転勤はありますか？

A 今回募集する職種につきましては、本社採用となりますが、配置転換等で転勤になる可能性はあります。

Q 育児と仕事の両立のための制度はありますか？

A 短時間勤務の制度を設けているほか、男性にも育児休業を積極的に取得してもらっています。

Q 実際、有給休暇はどれくらい取れますか？

A 平均有休取得率は○○％（2019年実績）です。

Q 残業や休日出勤はありますか？

A 今回募集する職種につきましては、平均して月10時間程度の残業があります。また、繁忙期には、月に1、2日程度の休日出勤があります。

さらに、自社の社員に採用前に不安だった点、知りたかった点の聞き取りを行ない、リストアップします。また、入社前とその後での職場環境や、仕事内容の印象の違いなども記しておくのもよいでしょう。

◆Q&Aの項目をインタビューに活かす

Q&A用に集めた情報活用はここからが本番です。ここでたくさんの求職者の疑問が集まっているようであれば、それらをベースに、前回触れたような、社内で働く人たちへのインタビューの質問項目にすることができます。

また、自社の職場環境としての特徴や取組みについても、これらの質問項目から、求職者目線で魅力的なものを掘り起こすことができるでしょう。

逆にやってはいけないのが、都合のよい答えやすい質問にだけ答えることです。多少不都合がある質問にも正面から答えましょう。Q&Aの回答がすべて魅力的なものだと、都合のよい情報しか載せていないのだろうと、求職者に思われてしまいます。

求職者のニーズに向き合うのは、労力のかかる作業ですが、同時に今の職場としての強みを発見でき、労働環境を見直すきっかけにもつながります。ただのWebコンテンツ作成と考えず、経営レベルのプロジェクトとして取り組んでみてください。

◆採用サイトの「やってはいけないこと」

先ほど触れたように、採用サイトでは、お客様となるのはエントリーしてくれる求職者です。採用サイトをつくるにあたって、採用したい人物を絞り込んでペルソナを設定することは悪いことではありあせん。しかし、そこでつくり上げた理想をそのままWebサイトに要求としてコンテンツ化してはいけません。

採用サイトは、あくまで求職者のエントリーを増やすための入り口で、間口は広くすべきです。実際に採用するのによい人物かそうでないかは、書類や面接で判断すればよいのです。

ところが、Webサイト内で、「わが社の期待する人材」といった形で、理想像のような人材への希望を載せてしまうサイトをしばしば見かけます。たとえば、「わが社が求める人物像は、プロとして高い成果を出す努力を怠らない人」「常に礼節を重んじる人を求めます」「わが社のクレド10箇条」といったようなものです。このような強い要求をいきなりぶつけるのは、昨今の若者にはウケが悪く、実際に申込みにマイナスの影響を与える可能性が高いでしょう。

また、これを読んでエントリーしてくる人物が理想に近いかというとまったく異なるのがさらに問題です。これを読んで「自分のことだ！」と思うような人物は、逆に謙虚さが足りず、身の丈を理解できない人物かもしれません。先ほどの言葉に当てはまるような人物は総じて謙虚なので、むしろこれを読んで「自分のことではない」と思って離れてしまうことが多いでしょう。

このようなことは、一般のお店ではお客様に対してやらないはずです。たとえばコンビニエンスストアの入り口に、「礼儀正しい人以外は入らないでください」「私たちスタッフは誇りをもって仕事をしています。あなたたちお客様も、礼節をもって買い物をするように」「たくさん買ってくれる人だけ来てください」など貼り紙をするお店は見たことがありません。

もし、そういったメッセージを伝えたいのであれば押し付けではなく、実際に働いている人たちの声や、ケーススタディの中で伝えるのが望ましいでしょう。「入社１年目は、全然できなかったが、研修や先輩たちに助けられて◯◯ができるようになってきた」といったように、ポジティブになるように伝えていく。また「要求」ではなく、働く環境がよくなるために、具体的に何をしているか、取組みの詳細を伝えるようにします。

同様に注意すべきなのが、社長や責任者のメッセージです。これも上記と同じで上から目線にならないようにしましょう。なぜか高圧的なメッセージをよく見かけます。

これは、社長や責任者にメッセージを書いてもらう際や取材する際に、事前の方針を決めていないことが問題だと思われます。まずは、社長メッセージの目的や、コンテンツで与えたい印象を決めておきましょう。「親しみを感じるコンテンツにする」「頼りがいのある印象を与えるコンテンツにする」「社員を大切にする社風を伝える」など、方針を明確にして、質問の内容や答えてほしいイメージなどを、事前にしっかり共有したうえで、インタビューを行ないます。これらに気をつければ、意図せず求職者の印象が悪化するようなことは大幅に減るでしょう。

◆影響力をもつ求職者の親

就職や転職、また離職に対して、両親の影響力は年々増しています。「オヤカク」という言葉を聞いたことがあるでしょうか。「オヤカク」とは、企業が親に内定確認（内定の承諾）を取るための活動のことです。近年、就職活動時に、親が反対しているという理由で内定辞退が相次いでいるため、多くの企業がこのような活動を行なわなければならないのです。背景としては、少子化により子どもの数が減っている分、子どもを気にかける親が増えていること、ブラック企業や企業倒産などのニュースで、子どもの就職先にも不安を感じやすくなっていることなどがあげられます。

「オヤカク」が注目されるのは、「親の影響で内定が辞退になった」ことが採用担当者にとって明確にわかるからであって、実際にはその前の企業選択の時点でも、少なくとも若年層では半数以上の求職者が親の影響を強く受けていると考えられます。求職活動の相談相手として親（特に母親）が第一候補になっているのです。

そのため、採用サイトや採用ページには、求職者の親が閲覧している可能性を考慮したコンテンツを用意する必要があります。

可能であれば「保護者の方へ」というタイトルで、まるまる１ページコンテンツを作成しましょう。特に掲載しておきたいコンテンツの１つが、「親子の対談」です。実際に入社後１～５年以内のスタッフと親とで対談をしてもらい、親が入社前はどのような点を不安に思っていたのか、実際に入社からしばらく経って、子どもがどのように成長したと感じたかなど話してもらいます。それを写真つきで掲載するとよいでしょう。

社員の親に協力してもらうことが難しい場合は、親に向けたメッセージを、社長や社員数人分、コンテンツとして用意します。社長は親に向けて、どのような考えで社員と接しているか、会社を運営しているかを簡潔にまとめます。社員のコメントは、「入社前までは知っている人も少なく、社会人としてやっていけるか不安だったけど、多くの人に支えられて一つひとつステップアップができている」といったような、入社前、入社後で両親が心配しそうな点に関係する変化を話してもらいます。

多くの親は、「社会人として立派に出世する」「むずかしいことにチャレンジできる」といったことを子どもの職場に求めているのではなく、そもそも「うちの子でも大丈夫なのか」「安心して働けるのか」「人間関係は大丈夫なのか」というところを気にかけています。そのため、親の期待と提供する情報にギャップがないようにすることが肝要です。特に、就職後は今までの人間関係から切り離され新たな環境で一から人間関係をつくっていく必要があるため、心配している親は多いはずです。同僚や先輩からのサポートや、個人的な付き合いのエピソード、職場の人間関係を円滑にするしくみやイベントなどがあるのであれば、しっかりコンテンツとしてアピールしましょう。

また、企業としての社会貢献活動や姿勢、地方の企業であれば地元や地域との関わり合いなどもコンテンツとして有効です。特に地方の企業で、子どもには自宅から通える職場で働いてほしいと考える地元志向の親には好印象です。そうでない場合も、社会や地域に対する姿勢は、職場としての安心感につながります。

客観的な情報として、福利厚生についても保護者向けのページでしっかり紹介しましょう。他のページに書いてあることと重複しても構いません。あらためて強調しておきましょう。

親が学費を出すことを前提としている大学のホームページには、必ずといっていいほど「保護者の方へ」というコンテンツがあります。こういったサイトを参考にするのもよいでしょう。

3 採用サイトへの集客

コンテンツを見てもらうために
集客経路を意識する

これまで述べてきたように、採用を増やすために、自社ホームページの採用コンテンツを充実させるのは必須です。しかし、いくらコンテンツを充実させたところで、それを見てもらえなければ何の意味もありません。

求職者の集客方法として、まず挙げられるのが、ハローワークや民間企業の求人媒体への掲載です。

ハローワークは無料ですが、他の企業の媒体への掲載は基本的に費用がかかります。ただ、これらのサイトを閲覧するユーザーは元々求職の意志が強く、そのうちの何割かは、求人媒体だけでなく実際に応募先の企業のWebサイトも閲覧してくれます。

その際にWebサイトのコンテンツが充実していることが応募の決め手になったり、内定辞退の防止となったりします。逆にこれらの媒体に掲載しても、自社のWebサイトにまともな求人コンテンツが掲載されていないと、がっかりして応募率が減少します。

求人媒体の中でも特異なのは、リクルート社が運営しているIndeedです。この媒体は求人情報の検索ネットワークで、いわば求人業界のGoogleのようなものです。現在、「地域名 + 職種 +求人」で検索を行なうと、おそらくほとんどのキーワードで、Indeedが上位５位以内に表示されます。そのため、Indeedの集客力は絶大です。地方や、派遣バイトなどの職種ではIndeedからの集客が特に効果的な傾向があります。

Indeedは、基本的には無料で求人情報を掲載することができますが、Indeed上でも費用を払うことで、特定の検索結果で上位表示ができる広告が存在しています。場合によっては、GoogleやYahoo!の検索広告より費用対効果が高いのでおすすめです。

Indeedは、新しい求人情報が優先的に上位に表示されやすいので、定期的に募集期間を区切って新しい募集を行ないましょう。

その都度Indeedに掲載するページをつくるのが面倒な場合、完全無料で求人ページを簡単につくれるサービスとしてエン・ジャパンが運営しているengage（https://en-gage.net/）やリクルートが運営しているAirWork（https://airregi.jp/work/recruitment/）があります。これらのサービスは、情報を入力すると短時間で求人ページが作成され、早期にIndeedに掲載されるようになっています。

最後に、リアルでの活動、たとえば都市部や地元の大学、専門学校、高校へのアプローチなども大切です。こういった活動の際に、先生にも自社のサイトも見てもらえるように伝えましょう。地道な集客活動があって、はじめて充実させたWebサイトの採用コンテンツが活きてきます。

採用サイトへの集客方法

ハローワーク	無料で掲載できるが、掲載できる情報に制限が多い。専門的な求職者を集めにくい
有料求人媒体	効率的に求職者を集めることができるが費用がかかる。媒体ごとに得意なエリアや専門分野が異なる
Indeed	無料で掲載できる。検索エンジンからの圧倒的な集客力がある。有料広告で求職者からの閲覧を増やすことが可能
合同説明会	出展費用がかかる。Webでは集められない求職者にアプローチできる
学校へのアプローチ	手間がかかるが、ピンポイントのエリアや、専門分野を学んだ学生にアプローチできる可能性がある
SEO	自社の求人採用ページで、検索エンジンの上位表示は、ニッチな技術や職種、ポジション以外はむずかしい
SNS（Twitter、Facebookなど）	直接SNSで宣伝するのではなく、採用ページからSNSをフォロー（登録）してもらって、継続的に情報発信を行なう

山田竜也（やまだ　りゅうや）
同志社大学哲学科卒業後、消防・警察など公共系のシステムエンジニアを経て、2007年にフリーランスとしてWebマーケティング専門会社パワービジョンを立ち上げ。中小企業から東証プライム上場企業まで幅広くWeb事業のコンサルティングを手掛ける。その中でも成長スピードの激しいスタートアップや、NPO法人が得意。創業初期から支援している企業の数社が上場済み。
コンサルティング、広告運用、Web管理の他、自分の所有するメディアからの広告収入、セミナー講師、著者印税、イベント売上など複数軸の収入を持つポートフォリオワーカーでもある。
著書に『神速で稼ぐ独学術』『すぐに使えてガンガン集客! WEBマーケティング123の技』『最速で成果を出すリスティング広告の教科書〜Google AdWords&Yahoo!プロモーション広告両対応』（以上、技術評論社）、『フリーランスがずっと安定して稼ぎ続ける47の方法』（日本実業出版社）などがある。

最新版　小さな会社のWeb担当者になったら読む本

2012年12月20日　初版発行
2023年 3月 1日　最新2版発行

著　者　山田竜也
発行者　杉本淳一

発行所　株式会社日本実業出版社　東京都新宿区市谷本村町3-29 〒162-0845
編集部 ☎03-3268-5651
営業部 ☎03-3268-5161　振　替　00170-1-25349
https://www.njg.co.jp/

印刷／壮 光 舎　　製本／若林製本

ISBN 978-4-534-05987-1　Printed in JAPAN